PETITE HISTOIRE

DE LA

TYPOGRAPHIE

PAR

AUGUSTE VITU

Illustrations par COPPIN

PARIS

LIBRAIRIE CH. DELAGRAVE

15, RUE SOUFFLOT, 15

HISTOIRE

DE LA

TYPOGRAPHIE

SOCIÉTÉ ANONYME D'IMPRIMERIE DE VILLEFRANCHE-DE-ROUERGUE
Jules BARDOUX, Directeur.

HISTOIRE

DE LA

TYPOGRAPHIE

PAR

AUGUSTE VITU

DEUXIÈME ÉDITION

PARIS
LIBRAIRIE CH. DELAGRAVE
15, RUE SOUFFLOT, 15

1892
Droits réservés.

HISTOIRE
DE LA
TYPOGRAPHIE

PREMIÈRE PARTIE

I

DEPUIS L'INVENTION JUSQU'A L'AN 1500.

Le but de cette histoire succincte de la typographie est de suivre dans ses développements et dans ses transformations successives l'art admirable dont Gutenberg, Jean Fust et Pierre Schœffer furent les initiateurs; nous apprécierons sa portée générale et nous donnerons une idée de ses procédés matériels. Cette étude, dont nous tempérerons autant que possible la sécheresse en fuyant la technicité, fera briller dans tout son jour la gloire des inventeurs; car si les siècles ont apporté certains perfectionnements industriels à l'art typographique, le principe en est resté intact, à ce point qu'après quelques jours, quelques heures peut-être d'observation et d'épreuve, un ouvrier compositeur du temps de Jean Amerbach ou d'Alde Manuce serait en état de travailler utilement dans l'imprimerie de Firmin Didot ou de Mame.

Cette étude se rattache intimement à l'histoire intellectuelle et littéraire des temps modernes, dont elle peut servir à fixer l'ère véritable. La découverte de l'imprimerie a largement servi la diffusion des connaissances humaines ; elle a versé dans le monde des torrents d'idées nouvelles roulant pêle-mêle les vérités et les erreurs. Instrument docile, elle transmet indifféremment aux masses les doctrines des oppresseurs comme les plaintes des opprimés, les vérités qui fécondent et les sophismes stérilisants : semblable au chemin de fer qui, s'il peut rapidement porter sur la frontière une armée nationale, peut également conduire au cœur même du pays les étrangers et l'invasion.

D'ailleurs, il faut le dire, la pensée ne subit jamais l'asservissement que dans une limite bien restreinte et bien passagère ; les censures de tous les temps n'en ont jamais égratigné que le côté le plus extérieur et le plus terre-à-terre ; les grands philosophes et les sublimes poètes surent toujours soustraire leurs ailes aux ciseaux et aux tenailles. Dante, Abailard, Rabelais, Montaigne, Bacon, Descartes, Pascal, Molière, Locke, Leibnitz, Newton, J.-J. Rousseau, de Maistre, Chateaubriand, se sont-ils trouvés supprimés ou seulement amoindris ?

L'imprimerie n'eut pas, dans ses origines, le caractère de propagande exclusivement protestante et révolutionnaire qu'on a cherché à lui attribuer ; les grandes puissances temporelles et spirituelles, pape, empereur ou roi, en furent les premiers initiateurs, loin de s'en alarmer ni de la combattre.

Elle s'introduisit en Italie, dès 1467, avec l'aide des Pères du monastère de Subbiaco, puis à Rome sous le patronage de l'évêque d'Alérie et du pape Paul II. Un arrêt du Parlement de Paris, en date de 1462, proclamait l'excellence de la nouvelle découverte, et un privilège de l'empereur Maximilien la qualifiait de *chose merveilleuse et presque divine*. Enfin, la maison de Sorbonne eut la gloire d'abriter sous ses voûtes vénérables la première imprimerie parisienne.

D'ailleurs, l'inattendu, la singularité et l'admirable simplicité de l'art typographique frappèrent seuls les esprits ; on ne soupçonna pas d'abord qu'il y eût autre chose là qu'une heureuse modification dans le mode de propagation des œuvres écrites ; longtemps après Gutenberg, les esprits sérieux et les savants à barbe grise préféraient les manuscrits aux plus belles impressions ; lorsque Fust vint à Paris pour la première fois, il apporta, dit-on, six ou sept exemplaires magnifiques de sa Bible latine, tirés sur peau de vélin premier choix, avec illustrations et lettres ornées peintes au pinceau en couleur et en or ; le principal mérite que l'on attribuait à l'art nouveau, *ars caracterizandi*, c'est-à-dire art de former des caractères, était de reproduire aussi fidèlement que possible la physionomie des manuscrits. On a raconté que des acheteurs s'y étaient trompés, qu'ils accusèrent Faust de vol, de faux, et, ce qui était plus grave, de magie.

D'un autre côté, Polydore Virgile, l'un des esprits curieux du quinzième siècle, ne craignait pas, en 1499, de s'exprimer en ces termes :

« Cecy (les bibliothèques) fut jadis un grand bénéfice du ciel, octroyé aux mortels : mais qui ne doit estre esgallé en rien à celui de nostre temps, auquel on a trouvé une manière nouvelle d'escrire, par laquelle un seul homme imprimera plus en un jour que plusieurs ne sçauroient escrire tout le long d'une année... De parler plus d'icelle j'en fais surseance, me suffisant d'avoir monstré et l'inventeur et le lieu d'où avant elle nous a esté apportée, laquelle a esté de grand proufit au commencement *comme chose admirée pour sa nouveauté*, mais laquelle comme j'estime *sera avilie pour estre trop commune et divulguée*. » Les inventeurs eux-mêmes et leurs contemporains virent dans l'art typographique une découverte peut-être plus curieuse qu'utile, et ne lui attribuèrent aucune importance sociale.

On conçoit que, sous l'influence de pareilles idées,

l'imprimerie ne put devenir de longtemps une spéculation lucrative ; à peine les frais d'exploitation se trouvaient-ils couverts ; les premiers imprimeurs qui, de 1462 à 1470, se répandirent dans les principales villes d'Europe, étaient de simples ouvriers qui cherchaient seulement à utiliser leur travail manuel pour gagner au jour le jour un modique salaire. Après eux, grandit une seconde génération plus intelligente, plus lettrée ; les imprimeurs furent de savants hommes qui, passionnés pour ce qu'on appelait alors les belles-lettres, ne voyaient dans l'exercice de la profession qu'un moyen d'arracher à un oubli éternel les chefs-d'œuvre de l'antiquité qui les avaient séduits. Leur gloire, gloire réelle et pure, consistait à livrer aux érudits, aux doctes de leur siècle, des éditions irréprochables dans lesquelles les textes favoris étaient soigneusement restitués, rectifiés, expurgés, commentés, expliqués ; la qualité d'imprimeur impliquait alors celle d'helléniste ou de latiniste consommé ; la pléiade antique n'a pas eu de scoliastes plus amoureux et plus entendus que les imprimeurs qui avaient nom Alde, Estienne, Junte, Amerbach ou Elzevir.

Un imprimeur parisien, Jean Camusat, se modelant sur le célèbre Jean Froben, poussa plus loin la conscience et le fanatisme littéraires : il s'était fait un devoir de ne s'occuper que de livres d'une valeur intrinsèque incontestable, et parmi les meilleurs il faisait encore un choix ; ainsi Tacite pouvait avoir ses sympathies, mais pour rien au monde il n'eût réimprimé Ennius; Térence faisait ses délices, mais Plaute lui paraissait grossier et indigne d'une nation polie. Aussi cet homme estimable eût-il pu dire, en variant un mot de Mozart à propos de *Don Giovanni :* « *J'imprime* pour moi et deux ou trois de mes amis. »

Par une conséquence nécessaire de cet état de choses, tout imprimeur fut d'abord libraire, du moins en thèse générale ; les édits et règlements de Louis XIV sur leur corporation semblent encore considérer comme une exception rare la séparation de ces deux professions.

II

PROBLÈME DE L'INVENTION.

Rien de plus confus ni de plus difficile à débrouiller et à coordonner que l'histoire des premiers essais au quinzième siècle; on verra bientôt que le principe et ses déductions les plus immédiates et les plus saillantes ne donnaient rien par eux-mêmes, si les accessoires n'étaient pas simultanément créés tout d'une pièce. Pour concevoir la première tentative à peu près réussie, il faut supposer l'existence de ces accessoires, non pas en germe ou seulement informes, mais complets et parfaits. Nous le répétons, à part certaines consolidations, certaines améliorations dans des détails minimes, la typographie n'a pas marché depuis Gutenberg, Fust et Schœffer. La Bible de Gutenberg dite des quarante-deux lignes et les *Offices* de Cicéron imprimés par Jean Amerbach ont exigé autant d'invention et de génie dans les matériaux d'exécution que les plus splendides éditions illustrées de nos jours ; bien mieux, les typographes d'aujourd'hui n'ont rien trouvé qui ne dût être connu dès le jour où la première page imprimée fut produite. Nous n'exagérons rien ; car le caractère mobile étant donné, plus ou moins juste, mieux ou plus mal combiné, à quoi servait-il sans la facilité de le rassembler en pages uniformes, surtout de l'y maintenir, difficulté qu'on ne soupçonne plus maintenant que le long usage a dissipé la faculté d'étonnement, mais qui était tout un abîme à franchir ? Et, tous ces obstacles aplanis, quel profond praticien, quel chimiste inspiré trouva la clef de voûte sans laquelle l'édifice s'écroulait, ou, bien plutôt, n'existait pas ? qui donc trouva l'encre d'imprimerie ?

Plus nous envisageons la question à ce point de vue, qui est le véritable, et plus nous constatons sûrement que la force de génie qui coordonna cette masse de découvertes prodigieuses ne se peut être manifestée en un seul jour. Il est impossible de méconnaître ici la lente élaboration des siècles ; le doigt du temps se manifeste avec évidence. Cela se passe ainsi de toute éternité ; une idée germe sourdement, travaille, étend ses fortes racines sous le sol dont elles aspirent le suc ; elle grandit parmi les herbes sauvages dont nul ne la distingue encore, elle pousse mille rameaux ; puis un jour la fleur apparaît splendide et odorante, et l'on se persuade qu'elle a éclos tout d'une pièce pendant la dernière nuit. La vapeur avait été découverte vingt fois avant la découverte définitive de James Watt, et pourtant c'est à lui qu'en revient le légitime honneur, puisque lui seul fut assez fort pour en faire reconnaître la puissance. Ainsi Gutenberg et les autres profitèrent de tâtonnements antérieurs qu'ils complétèrent et menèrent à maturité. Et ce que nous disons là ne rabaisse en rien leur mérite ; l'invention consiste moins dans une idée laissée stérile et sans souffle vital que dans le développement et la fécondation du germe abandonné. Dans un autre ordre de faits, les grands poètes ont ainsi procédé : Homère a sucé vingt Iliades antérieures dont il a fait la sienne ; Dante Alighieri absorbe dans son poème vingt Divines Comédies, œufs desséchés gisant sur un sable aride, mais où son ardent génie a fait éclore la poésie, l'aigle aux ailes éployées.

Puis il arrive un instant fatal où toute idée fertile est dans l'air ; chacun la respire par tous les pores ; mais les uns la dédaignent ou la méconnaissent, ou bien la subissent instinctivement, sans rien chercher au delà ; un ou deux hommes seulement la comprennent, s'en emparent ; elle est à eux de par le droit du plus fort, de par le droit du génie.

Mais avant de pénétrer plus profondément dans le

cœur du sujet, il nous faut, de toute nécessité, faire bien comprendre sur quelle base repose l'art typographique, et circonscrire d'une manière très exacte la limite de l'invention chez Gutenberg, Fust et Schœffer.

III

LA XYLOGRAPHIE

Depuis longtemps sans doute on était en possession de cette idée qu'une figure, qu'un dessin quelconque, sculpté en relief sur un morceau de bois ou sur une plaque de métal couverte d'un enduit humide et coloré, se décalquerait parfaitement sur un plan uni comme l'est une feuille de parchemin ou de papier; qu'ainsi le même dessin, la même figure fourniraient un nombre illimité d'exemplaires identiques. Voilà quel est le principe élémentaire de toute impression. L'application offrait une difficulté unique, mais qui dut paraître longtemps insurmontable; on avait reconnu tout d'abord que l'encre à écrire ne pouvait être d'aucun usage : à la fois trop pâle et trop fluide, elle ne gardait pas les contours de la ligne sculptée, et ne pouvait donner qu'une épreuve effacée et confuse, telle que les capricieux dessins que font les nuages quand le vent souffle. Il fallait donc trouver une composition noire et résistante, épaisse sans empâtement, liquide sans fluidité, qui pût s'étendre avec régularité sur la surface entière de la gravure à reproduire, sans couler dans les vides calculés pour rester blancs, et qui, sous une forte pression, ne s'étalât point en taches indécises.

La première solution du problème fut donnée par les *cartiers* ou fabricants de cartes à jouer. Jusqu'aux premières années du règne de Charles VII, les cartes à jouer étaient dessinées et peintes à la main ; le prix en était naturellement fort élevé ; du jour où un ouvrier, demeuré inconnu, trouva le moyen de graver les différentes figures et attributs des cartes en relief sur un bloc de bois et de reporter ce relief en noir sur une feuille de papier ou de carton au moyen d'une encre spéciale, une nouvelle industrie fut créée, et par elle un art nouveau, celui de la gravure sur bois, qui devait à son tour en engendrer un autre, l'imprimerie.

C'est ainsi que la plus grande révolution qui se soit opérée dans l'outillage intellectuel et scientifique du genre humain peut s'exprimer par ces trois degrés de généalogie :

1° La carte à jouer ;

2° La gravure sur bois ou xylographie ;

3° L'imprimerie.

Le procédé primitif des cartiers, qui subsiste aujourd'hui dans ses parties essentielles, mérite d'être décrit sommairement. L'encre, ou plutôt la couleur noire dont ils se servent pour le trait des figures, est composée de noir de fumée et d'une colle identique à celle qu'on emploie pour la préparation des cartons sur lesquels elle doit s'appliquer; le mélange doit digérer longtemps avec du fiel de bœuf. Ayant devant lui un pot rempli de cette préparation, l'imprimeur cartier y trempe un pinceau et le passe sur le relief de la planche gravée; ensuite il superpose à celle-ci la feuille de papier à imprimer, laquelle sera ultérieurement collée sur carton; puis il presse à plusieurs reprises sur ce papier, pour le faire adhérer exactement aux traits enduits de noir, un *frotton,* qui est une sorte de balle composée de plusieurs lisières ou d'un tissu de crin roulé de manière à présenter, du côté qui imprime, une surface plate et unie, tandis que le reste forme poignée dans la main de l'ouvrier. Ce *frotton* ou balle devint l'instrument primitif de l'imprimerie, comme on le verra ci-après.

Tel était le procédé qui, apparaissant dans les premières années du quinzième siècle, est vulgairement considéré comme l'invention des cartes à jouer et qui fut réellement l'invention de la gravure sur bois.

Les résultats ne s'en firent pas attendre. Les cartiers, possédant le moyen d'imprimer les figures du roi, de la reine, du valet, etc., ne tardèrent pas à étendre leur industrie à la production d'images de toute nature. Ils commencèrent par la figure des saints les plus renommés, et y joignirent bientôt des légendes plus ou moins étendues, gravées et imprimées de la même manière.

Le plus ancien spécimen de cet art est l'image de saint Christophe portant l'enfant Jésus sur ses épaules (*Christophoros*, celui qui porte Jésus), au bas de laquelle on lit ces mots, gravés et imprimés ensemble avec l'estampe : *Cristoferi faciem die quâcumque tueris. Illa nempe die, morte malâ non morieris. Millesimo CCCC°. XX° tertio* (1423). Le premier exemplaire de cette précieuse estampe fut découvert par le baron de Heinicken dans la Chartreuse de Buxheim, près de Memmingen. Je ne sais où il se trouve aujourd'hui. Le seul exemplaire connu appartient à la fameuse collection Spencer, en Angleterre. La Bibliothèque nationale de Paris se flatta longtemps d'en posséder un, jusqu'au jour où le savant conservateur du Cabinet des estampes, M. Duplessis, reconnut que le Saint Christophe confié à sa garde n'était qu'un des exemplaires de la reproduction exécutée pour le baron de Heinicken après qu'il eut découvert l'exemplaire de Buxheim.

Rien de plus rude, de plus grossier, de plus rustiquement naïf que ces premiers essais; mais ils se perfectionnèrent rapidement; les contours devinrent

Système de la gravure en planche pour impressions. Graveur au travail (xve siècle).

moins-heurtés, la perspective s'améliora ; on expliqua le sujet par des inscriptions taillées en relief dans la marge ou au bas de l'estampe ; l'explication se fit longue et verbeuse, la poésie s'y introduisit ; l'espace devint grand pour le texte, restreint pour le dessin. On en vint à composer des sujets historiques avec un texte ou explication gravée sur la même planche, dont on forma des espèces de livres d'images, qui se vulgarisèrent aisément, et qui précèdent historiquement les livres imprimés.

Les plus anciens spécimens de ce genre sont les collections de figures tirées de l'Ancien et du Nouveau Testament, avec légendes latines ; on en peut voir un certain nombre exposés sous la vitrine IX, dans la galerie Mazarine de la Bibliothèque nationale. Il en est qui comprennent jusqu'à quarante planches in-folio, *anopisthographiques,* c'est-à-dire non imprimées par derrière, imprimées d'un seul côté. Ce nouveau produit coûtait infiniment moins cher que les ouvrages manuscrits, dessinés ou peints, de là, sans doute, la désignation de *Bible des pauvres,* attribuée à ces volumes que l'on s'accorde à considérer comme le prototype des impressions sur planches de bois.

Vinrent ensuite le *Speculum humanæ salvationis* (Miroir du salut de l'humanité), l'*Ars moriendi* (Art de bien mourir), etc. Ainsi les premiers livres non écrits à la main furent des livres illustrés. La preuve que l'invention en appartient aux cartiers, c'est que les plus anciennes des estampes avec versets ou sentences gravées sur bois qui existent en Allemagne, où cet art nouveau paraît avoir pris naissance, ont la même forme et la même grandeur que les cartes à jouer.

Observons ici que les Chinois connaissaient ces procédés dès les temps les plus reculés, et qu'ils les appliquaient non pas seulement aux gravures et aux dessins, mais encore à l'écriture, c'est-à-dire à l'impression des livres.

C'est ici que prendraient place les travaux prétendus de Laurent Coster de Haarlem, en qui les Hollandais persistent à voir, sans l'ombre de fondement, le père de l'art typographique.

IV

JEAN-LAURENT COSTER

Voici sommairement, mais exactement, toutes les notions reçues concernant ce personnage.

Jean-Laurent Coster serait né à Haarlem vers 1370. Il aurait été garde ou concierge du palais royal de cette ville. Entre autres contes ridicules, ses panégyristes ont affirmé qu'il descendait de la maison princière de Brédérode, chose fort indifférente dans l'espèce. On raconte que Laurent Coster, se promenant dans les forêts qui environnent Haarlem, aurait imaginé de tailler en bois de hêtre des lettres isolées, dont il aurait imprimé des sentences et des maximes tirées de l'Écriture sainte, pour l'instruction de ses petits-enfants; perfectionnant peu à peu ses procédés, il aurait monté un atelier, et imprimé divers livres, entre autres le *Speculum humanæ salvationis;* ensuite il aurait inventé les matrices et la fonderie. Mais la veille de Noël 1441, pendant que Coster et toute sa famille étaient à la messe de minuit, un de ses ouvriers, nommé Jean Fust, se serait enfui en emportant la collection des poinçons et des matrices, et serait allé s'établir à Mayence, où il se serait associé Gutenberg et Schœffer. Le premier ouvrage sorti de cette nouvelle officine aurait été le *Doctrinæ Alexandri Galli*, Mayence, 1442. Coster serait mort peu de temps après; ses fils André, Pierre et Thomas Coster auraient continué et accru la nouvelle industrie, devenue prospère malgré le nouveau vol dont ils auraient été victimes : un autre ouvrier, nommé Frédéric Corselles, aurait suivi l'exemple de Jean Fust, et se serait réfugié en Angleterre, où il aurait fait connaître l'imprimerie, vers l'année 1459.

Nous avons réuni dans les quelques lignes ci-dessus toutes les fables accréditées avec une naïve audace par certains écrivains hollandais des siècles derniers. Chaque mot, chaque fait, chaque date porte en soi la preuve matérielle de sa fausseté.

Jean Fust ne fut jamais ouvrier; c'était un riche orfèvre de Mayence; des actes authentiques établissent que dès 1437 il habitait cette ville, où il était né. Il ne déroba pas les poinçons et les matrices de l'imprimerie de Haarlem, d'abord parce qu'il paraît certain que l'invention des matrices lui appartient en propre; ensuite l'invention des poinçons fut l'œuvre personnelle de son gendre Pierre Schœffer, comme on le verra ci-après, et ne saurait être antérieure à 1452.

Il n'existe pas un seul ouvrage portant le nom de Laurent Coster ou de ses enfants. A la vérité, la même objection se présente pour Gutenberg, qui n'a pas attaché son nom à un seul monument (nous expliquerons ce phénomène en temps et lieu); mais, du moins, il existe en faveur du gentilhomme mayençais une tradition contemporaine et vivante, tellement précise, appuyée sur une documentation civile et judiciaire tellement authentique, qu'on ne peut se refuser à la tenir pour vraie.

L'histoire de Laurent Coster est, au contraire, une fiction toute moderne, inventée par des écrivains néerlandais pour le besoin de leur gloire patriotique; ils ont métamorphosé des tentatives incertaines en créations complètes et supérieures; ils ont appuyé leurs affirmations sur des documents entachés de faux et d'interpolation, ou même, ce qui est plus fort, parfaitement imaginaires et fantasmagoriques; ils ont exalté l'opinion publique au point de l'amener à dresser une statue à Coster, décoré du titre piquant de *Cadmus néerlandais*. Et maintenant, lorsqu'on veut discuter, les bons Hollandais répondent avec candeur : « La preuve que Laurent Coster a inventé l'imprimerie, c'est que nous lui avons élevé des statues. »

Quant à l'atelier de Laurent Coster et de ses enfants, avouons qu'il a bien du malheur : car ni Érasme ni aucun des contemporains ne l'ont connu ni n'en ont fait mention ; Érasme, jaloux comme il l'était de l'illustration de sa patrie, eût difficilement ignoré des faits si glorieux pour elle, et les eût même probablement acceptés sans un bien scrupuleux examen ; il faut convenir que ce silence conclut médiocrement pour les Coster. Les Hollandais diront à cela que c'est un malheur de plus dont est victime cette intéressante famille, si outrageusement volée et revolée par d'indignes ouvriers.

Expliquons-nous maintenant sur le second vol dont se plaignent les avocats des infortunés Coster. Outre que ce Frédéric Corselles avait grandement tort de leur dérober un secret déjà divulgué par toute l'Europe, il faut qu'Adrien Junius et le savant Bornhonius, les deux Homères de ces autres Pélopides, aient mis en avant quelque chose comme une très fausse date. A les en croire, Frédéric Corselles aurait porté l'imprimerie en Angleterre vers 1459 : comment donc alors le premier livre imprimé dans ce pays est-il marqué du millésime mccccLxxxxi (1491) ? De deux choses l'une : ou les prétendus frères Coster ne furent volés qu'en 1490 ou 91, époque où l'art typographique était connu dans quatre ou cinq cents villes différentes, et alors le dommage fut minime ; ou bien la date de 1459 est la bonne, et les secrets costériens n'étaient pas susceptibles d'enfanter un résultat quelconque.

Nous ne dirons qu'un mot des livres qu'on leur attribue : ils sont indubitablement sortis des presses de Nicolas Ketelaer et de Gérard de Leempt, qui florissaient à Utrecht de 1473 à 1492.

Reste le *Speculum humanæ salvationis*, la pierre angulaire du système hollandais. L'exemplaire de la Bibliothèque nationale (vitrine IX) se compose de soixante-trois feuillets *anopisthographiques*; toutes les figures et vingt pages du texte sont imprimées au frotton avec l'encre grise; le reste a été imprimé en caractères mobiles à l'encre noire, vraisemblablement en l'année 1471, longtemps après la découverte de Gutenberg.

Les impressions attribuées à Laurent Coster ont été successivement rendues à leurs véritables auteurs; et enfin, dernier argument qui dispense de beaucoup d'autres, il reste à démontrer que l'illustre Coster ait réellement existé.

Un jour, le doyen Malenkrot prétendit avoir retrouvé les maximes de l'Ecriture sainte, premiers essais de Laurent Coster; c'étaient de petites bandes de parchemin collées soigneusement une à une sur du papier blanc. Mais le vénérable professeur reconnut plus tard que sa religion de savant avait été surprise, et que cette collection curieuse résultait d'une fraude assez adroitement pratiquée par des imprimeurs contemporains.

V

LES INVENTEURS

Il n'est pas besoin d'insister sur les inconvénients sans nombre du procédé xylographique : autant de planches gravées que de pages dans un volume, c'est-à-dire travail immense, perte de temps incalculable, matériel sans cesse croissant et d'une conservation embarrassante et difficile ; nulle régularité, par conséquent nulle élégance dans les types employés ; matière première peu abondante et d'un prix élevé ; corrections inexécutables, outrées, dispendieuses ; nécessité d'imprimer page à page, soit des frais sans bornes de tirage (quatre fois, huit fois, seize fois, vingt-quatre fois plus considérables, selon le format, que par le mode actuel) ; en somme, dépense de temps et prix de revient presque aussi élevés que ceux des manuscrits.

Abandonner la page gravée pour en isoler l'élément, c'est-à-dire la lettre, tout est là.

Ce qu'on appelle communément la découverte de l'imprimerie consiste essentiellement dans l'invention du *caractère mobile :* il n'y a plus de pages d'un seul morceau; chacune des lettres est détachée, indépendante, individualisée; on obtient les mots en mettant l'une contre l'autre les lettres nécessaires; chaque ligne, en juxtaposant les mots ainsi composés; chaque page, en superposant les lignes; cette opération s'appellera *composition.*

Désormais, plus d'entraves; lorsqu'une page aura été imprimée, les lettres qui étaient entrées dans sa formation serviront à composer d'autres pages, et ainsi de suite à l'infini. Plus de gravure spéciale pour chaque ouvrage; les caractères employés dans une œuvre profane vont tout à l'heure se combiner à nouveau pour le texte des saintes Écritures; latin, français, espagnol, italien, anglais, tout se compose et s'imprime avec la même collection de signes; un assortiment de deux cent mille lettres environ suffit à la reproduction de toutes les bibliothèques du monde.

Cette magnifique simplification, fondement de l'art typographique, est l'œuvre exclusive de Gutenberg. Mais tout admirable et ingénieuse que fût cette méthode, elle soulevait les objections que chaque lecteur vient de se faire sans doute. Deux, trois, quatre ou cinq cent mille lettres à sculpter en relief,

n'est-ce donc rien que cela ? Et cette irrégularité de
dessin dont nous accusions les pages gravées ne subsistera-t-elle pas dans le système nouveau ? En effet,
c'étaient là de graves imperfections. Ajoutez à cela
que d'aussi petits objets qu'une lettre, un *a* ou un *e*
par exemple, sculptés à l'extrémité d'une petite tige
de bois de hêtre, manqueraient de symétrie, de parallélisme et d'aplomb ; d'où il suit qu'à l'impression
les mots seraient mal alignés, ils *danseraient,* comme
on dit aujourd'hui en termes du métier ; les lettres
n'approcheraient pas assez l'une de l'autre et laisseraient à travers les mots un blanc désagréable à
l'œil ; les caractères seraient forcément d'une grosseur au-dessus de la moyenne et ne se prêteraient pas
à l'emploi d'un autre format que l'in-folio démesuré.
En somme, les premiers essais durent être empreints
d'une grande barbarie.

L'œuvre demeurerait-elle incomplète ? Non. Ce
qu'un homme de génie avait entrepris, un autre, peut-être deux autres hommes de génie pouvaient seuls
l'achever ; ce furent probablement Jean Fust, et certainement Pierre Schœffer de Gernsheim.

Ainsi donc à cette trinité, Gutenberg, Fust et
Schœffer, revient tout l'honneur de la découverte de
l'imprimerie, que nous appellerons désormais et invariablement typographie ; le mot *imprimerie* est à la
fois trop général, trop vague et trop restreint, car il
s'applique également à toute nature d'impression,

même à des arts tout à fait étrangers, comme l'apprêt des étoffes d'habillement et d'ameublement, et ne désigne pas nettement, comme le mot *typographie*, la reproduction de l'écriture par des types invariables et cependant mobiles (τυπός, γράφειν) ; puis il exclurait de notre travail les arts accessoires, mais indispensables à la typographie : le frappage des matrices, la fonderie, la stéréotypie et la clicherie, dont nous aurons nécessairement à nous occuper.

L'Allemagne fut le berceau des trois inventeurs ; Jean Gutenberg, Fust et Schœffer virent le jour à Mayence. Nous allons esquisser rapidement leur biographie et faire connaître dans quelles circonstances le hasard les réunit.

VI

GUTENBERG

Établissons d'abord le véritable nom de ce grand homme, d'après des actes authentiques.

Il s'appelait Henne (Jean) Genszfleisch, noms auxquels il joignait ceux de Sulgeloch et de Gutenberg, qui lui provenaient de deux terres ou seigneuries. La double preuve d'après laquelle nous restituons son identité patronymique, communément défigurée, c'est qu'une lettre de lui, datée de Strasbourg le 24 mars 1424, est signée Henne Genszfleisch, dit Sulgeloch ; et qu'il s'intitule Henne Genszfleisch de Sulgeloch, dit Gudinberg, dans un acte passé à Mayence, le 20 juillet 1459, où son défunt père est nommé Henne Genszfleisch, son frère encore vivant Friele Genszfleisch, ses cousins Jean, Friele et Pedermann Genszfleisch. Ainsi, le nom patronymique est bien

Genszfleisch, en allemand moderne Gansfleisch, qui signifie « chair d'oie ». Sulgeloch ou Sorgenloch et Gutenberg ne sont que des noms de terres ou des surnoms personnels à l'immortel inventeur de l'imprimerie. C'est le second de ces surnoms que la postérité connaît seul. On sait un autre exemple de cette bizarrerie de la gloire : le prénom d'Amerigo ou Emmerich Vespuzi ne s'est-il pas imposé à la plus vaste des cinq parties du monde?

Ceci dit, nous ne le nommerons plus que Gutenberg, pour ne pas déconcerter le lecteur.

Gutenberg naquit, entre 1390 et 1400, à Mayence[1], d'où sa famille était originaire et où elle n'avait cessé de résider. On lui connaît deux frères et une sœur : Friele, déjà nommé, Conrad, qui mourut le premier, et Hebele ou sœur Berthe, religieuse au couvent de Sainte-Claire de Mayence, qui mourut après Conrad. Leur famille était noble et possédait du bien.

1. Une très aventureuse hypothèse, qui faisait naître Gutenberg dans la ville minière de Kutenberg en Bohême, imaginée en 1840 par le romancier Iaroslas Wrtatko, a été prise au sérieux et scientifiquement développée par le révérend Charles Winaricky, curé de Kowan. Traduit en français par le chevalier Jean de Carro (Bruxelles, 1847), le travail, d'ailleurs fort savant, du vénérable ecclésiastique me paraît devoir être écarté. Sans entrer ici dans une controverse aride, qui m'obligerait à discuter et à détruire un à un les arguments imaginatifs ou les identifications trop ingénieuses du curé Winaricky, je me borne à constater que tout ce qu'il propose concernant la généalogie, la personne et l'âge de Gutenberg, qu'il rajeunit d'une quinzaine d'années, en le faisant naître seulement en 1412, est inconciliable avec les documents authentiques qu'il passe sous silence, bien qu'on puisse difficilement admettre qu'il les ait ignorés.

Gutenberg.

Gutenberg, pour sa part, avait des rentes et revenus placés à Mayence, à Seilhoven, à Lorzwiller, à Bodenheim et à Muminheym, lorsque, par suite de circonstances demeurées incertaines, il alla s'établir à Strasbourg, avant 1424. Il fut immédiatement inscrit comme citoyen de cette ville, où il croyait s'établir pour toujours. Il y fit arrêter en 1434 le nommé Nicolas, greffier de la ville de Mayence, qui lui retenait les intérêts de son apanage; il le fit ensuite relâcher sur les représentations du conseil de la ville de Strasbourg.

Il avait étudié les sciences qu'on qualifiait en ce temps là d'occultes, c'est-à-dire la physique et surtout la chimie; ses études le conduisirent à des résultats sans doute intéressants, mais qui dévorèrent son modique patrimoine; car, en 1431, il forma avec quelques bourgeois de Strasbourg une association ayant pour but d'exploiter *certains secrets tenant du merveilleux*, dans lesquels la typographie n'était certainement pas comprise, comme l'ont affirmé légèrement quelques historiens modernes. Il ne s'agissait encore que de l'art de polir les pierres et les miroirs, ainsi que de fabriquer de menus objets en divers métaux, très recherchés dans les lieux de pèlerinage : médaillons, reliquaires, etc., et particulièrement au pèlerinage du Salut (*Heilthumsfarth*) d'Aix-la-Chapelle.

A ces travaux obscurs et acharnés les ressources de

Gutenberg s'épuisèrent rapidement; la pierre philosophale a dévoré plus d'or qu'elle n'en eût jamais rapporté. L'histoire de son mariage offre une particularité piquante. Nous le voyons cité en 1437 devant l'officialité de Strasbourg par une certaine Anne, dite de la Porte de fer (*zur Isernen Thür*), d'après le quartier qu'elle habitait, et c'est précisément cette femme qu'il épousa, puisqu'on la retrouve ensuite sur le registre des contribuables de la ville de Strasbourg sous le nom d'Anne de Gutenberg.

La preuve que l'invention ou la première idée de l'invention de l'imprimerie n'était pas l'objet de sa première association est fournie par l'exposé suivant, au cours d'un procès dont nous allons parler.

Ses associés André Dritzehen et André Heilmann lui rendant un jour visite au couvent de Saint-Arbogast, où il s'était établi, hors des portes de Strasbourg, s'aperçurent qu'il s'y occupait d'un art merveilleux et inconnu, dont il s'était réservé le secret. Ils le déterminèrent, à force de prières, à le leur communiquer. Gutenberg y consentit, ce qui donna lieu à un nouvel acte d'association pour cinq ans, et cette fois il s'agissait bien du secret de l'imprimerie.

En effet, Gutenberg n'avait consenti cette seconde association qu'à deux conditions expressément et clairement stipulées : la première, que les associés verseraient une nouvelle somme de 250 florins, dont

100 au comptant et les 150 autres à une époque déterminée ; la seconde, que si l'un des associés venait à mourir pendant la durée de la société, la société continuerait entre les survivants, qui désintéresseraient les héritiers du décédé moyennant une indemnité à forfait de 100 florins. Cette prévision se réalisa pour André Dritzehen, qui mourut en 1439, redevable de 85 florins à Gutenberg. Georges et Nicolas Dritzehen, héritiers de leur frère André, émirent la prétention, contraire à l'acte social, de le remplacer dans l'association ; Gutenberg s'y refusa ; ils le citèrent devant le tribunal de Strasbourg, qui rejeta leur demande après enquête, aux termes d'une sentence du 12 décembre 1439, moyennant 15 florins, qui, avec les 85 florins redus par André Dritzehen, formaient les 100 florins d'indemnité prévus au contrat.

Les témoignages recueillis sous serment dans le cours de cette enquête révèlent avec certitude la nature de l'invention dont le couvent de Saint-Arbogast fut le berceau. C'était bien l'imprimerie. Les dépositions des six témoins, hommes et femmes, les premiers humains qui aient vu de leurs yeux les appareils primitifs de l'imprimerie naissante, sont extrêmement intéressantes dans leur naïveté. Je me borne, pour la clarté de ma narration, à en résumer les points essentiels :

1° Gutenberg possédait, dès 1439, une presse qu'il

avait fait exécuter sur ses plans par un tourneur nommé Conrad Sahspach.

2° Cette presse était par conséquent en bois, puisque le métier de tourneur en métaux n'existait pas au quinzième siècle.

3° Cette presse était à deux vis.

4° Il y avait sous cette presse, à la mort d'André Dritzehen, quatre pages, c'est-à-dire une feuille complète, nécessairement in-folio, puisque tous les premiers livres furent imprimés dans ce format.

5° La presse était, par conséquent, d'assez grande dimension.

6° Les quatre pages étaient composées en caractères mobiles, puisque Gutenberg, craignant les indiscrétions des héritiers d'André, donna l'ordre à son domestique de les « mettre en pièces » — on dit aujourd'hui « mettre en pâte » — et de les jeter sous la presse afin que personne ne comprît le secret.

Ces caractères mobiles étaient-ils formés de bois ou de plomb? C'est une question complexe, qui appelle quelque explication.

Très vraisemblablement Gutenberg, en prenant son point de départ dans la gravure sur bois, ne songea d'abord qu'à graver isolément les lettres, qui s'obtenaient par un relief tout d'une pièce sur les planches xylographiques. Mais l'incommodité des lettres gravées sur bois, difficiles à dresser exactement et sujettes à des déformations instantanées sous l'influence de l'humidité, de la chaleur ou de la lumière, dut le conduire à la substitution du métal au bois de buis ou de hêtre. L'un des témoins entendus au procès de 1439, Jean Dunne, orfèvre et par conséquent marchand de métaux, déclarait avoir fourni à Gutenberg, il y avait environ trois ans, pour une centaine de florins de choses propres à l'imprimerie, parmi lesquelles on croit qu'il se trouvait une certaine quantité de plomb.

Ces renseignements sont vagues. Cependant, en y réfléchissant, on arrive à comprendre que l'invention de la presse par Gutenberg, qui est certaine, implique l'existence de caractères métalliques, obtenus soit par gravure directe, soit, ce qui est plus probable, par la fonte sur moulage au moyen d'un procédé quelconque. Voici pourquoi.

J'ai décrit sommairement le procédé d'imprimerie des cartiers et des anciens graveurs sur bois, c'est-à-dire l'emploi d'un pinceau pour enduire les reliefs d'une encre ou couleur grise et fluide, et d'un *frotton* ou petite balle de lisière ou de tissu de crin qui presse le papier sur les reliefs. L'encre des cartiers, suffisante pour les impressions xylographiques, l'eût été pour les impressions typographiques si elles n'eussent différé que par la division des types, et non par leur matière. L'encre fluide et maigre, qui noircit les fibres pénétrables du bois, coulerait sur du métal; or, comme il est certain que les premiers livres typographiques sont imprimés avec de l'encre grasse et noire, on en peut conclure légitimement que l'emploi de cette encre nouvelle était nécessaire pour obtenir l'adhérence de la solution sur des reliefs de plomb ou d'étain.

L'encre d'imprimerie dont se servit Gutenberg, remplit toutes ces conditions ; c'est un mélange d'huile et de noir ; l'huile, convertie en vernis par la cuisson, est broyée très exactement avec le noir qui se tire de la poix-résine brûlée dans une bâtisse spéciale nommée *sac à noir;* les huiles de noix et de lin sont les seules propres à fabriquer de bonne encre ; les autres font maculer l'impression et jaunissent rapidement.

La minutie de ces détails ne sera pas jugée excessive si l'on considère qu'il s'agit de fixer les premiers linéaments d'une immense découverte.

Résumons cette partie du présent travail.

C'est dans le laps de temps compris entre 1436 et 1439 que Gutenberg inventa de toutes pièces : 1° les caractères mobiles, en bois ou en métal; 2° la méthode de leur assemblage pour former les pages d'un livre ; 3° l'encre grasse pour en préparer l'impression nette et colorée ; 4° la presse pour réaliser cette impression par l'effet d'une pression plane, uniforme et instantanée, ce qui permit d'obtenir des feuilles de vélin ou de papier imprimées des deux côtés, page sur page, au lieu des impressions à verso blanc dites *anopis-*

thographes, qui caractérisaient les produits de la *xy-lographie.*

Ainsi, la maison de Gutenberg à Saint-Arbogast, hors des portes de Strasbourg, fut le berceau de l'art typographique.

C'est donc à bon droit que l'antique cité de Drusus, de Clovis et de Dagobert, redevenue française, érigea à Gutenberg, en 1841, une statue due au ciseau du célèbre sculpteur David d'Angers.

VII

GUTENBERG, FUST, SCHŒFFER.

A partir de 1450, l'histoire de la typographie va réunir, sans les confondre, les noms de Gutenberg, de Faust ou Fust et de Schoiffer ou Schœffer.

Après que le procès de 1439 eut été gagné, Gutenberg et ses associés Riff et Heilmann continuèrent vraisemblablement à travailler ensemble; mais on ignore ce que cette société produisit et comment elle prit fin.

Un fait considérable, et qu'il ne faut pas perdre de vue, car il explique l'obscurité qui règne sur les premières productions de l'art typographique, c'est qu'il n'existe aucune impression signée de Gutenberg, et qu'on ne connaît aucun livre imprimé à Strasbourg avant l'année 1470 au plus tôt, alors que Gutenberg avait depuis longtemps abandonné cette ville.

Dès 1446, il avait loué une maison à Mayence, son pays natal. Il y travailla obscurément pendant sept années environ. Enfin, le 22 avril 1450, il contracta à Mayence, avec un riche orfèvre nommé Jean Fust, une association pour l'établissement d'une imprimerie ; c'est-à-dire un emprunt de 800 florins à six pour cent, garanti sur tout le matériel. Les 800 florins furent bien vite dévorés ; Fust avança, le 6 décembre 1452, une seconde somme de 800 florins au même taux de six pour cent.

Enfin le grand œuvre s'acheva. Gutenberg, après cinq ans de labeurs assidus, mit au jour la fameuse Bible dite des *quarante-deux lignes*. L'art nouveau débutait par un chef-d'œuvre, qu'on peut admirer à la Bibliothèque nationale de Paris (vitrine **XXIX**, n°ˢ 41-42), qui en possède deux exemplaires.

Cette Bible est imprimée sur deux colonnes, de quarante-deux lignes chacune dans les pages qui sont entières, excepté dans les douze premières pages où il s'en trouve qui n'ont que quarante ou quarante et une lignes ; en caractères gothiques hauts de près de deux lignes (4 millimètres et demi), sans chiffres, signatures ni réclames. La hauteur des colonnes est de 10 pouces 8 lignes, et la largeur des deux colonnes ensemble, avec le blanc qui les sépare, est de 7 pouces 4 lignes.

L'ouvrage comprend six cent trente-sept feuillets, que les possesseurs originaires firent relier en un, deux, trois ou quatre volumes, selon leur goût.

Le premier des deux exemplaires de la Bibliothèque nationale, relié en quatre volumes in-folio sur vélin, est connu sous le nom de Bible Mazarine, parce que ce fut un exemplaire appartenant au cardinal Mazarin, et actuellement conservé à la Bibliothèque mazarine, au palais de l'Institut, qui, le premier, attira l'attention des bibliographes.

A côté de l'exemplaire sur vélin se trouve exposé un exemplaire sur papier, en deux volumes, portant à la fin de chacun d'eux une souscription latine de l'enlumineur Henri Albch, autrement dit Cremer, vicaire de l'église Saint-Étienne de Mayence, qui constate avoir achevé d'enluminer, de rubriquer et de relier le premier volume à la Saint-Barthélemy (24 août) 1456, et le second à l'Assomption (15 août) de la même année. Le livre aurait donc été achevé d'imprimer au plus tard en 1455. Il doit par conséquent être tenu *pour le premier et le plus ancien livre* exécuté au moyen des procédés dont l'ensemble forme l'art de l'IMPRIMERIE.

Un autre document, qui n'est pas un livre, constitue le premier monument *avec date certaine* de l'imprimerie en caractères mobiles; c'est une lettre d'indulgences du pape Nicolas V, indiquant en lettres imprimées qu'elles ont été accordées par le pape en 1454, aux fidèles qui aideront de leur bourse la cause du roi de Chypre menacé par les Turcs. C'est une sorte de cédule ou d'affiche oblongue, d'un seul feuillet de vélin. Le plus ancien des exemplaires qu'en possède la Bibliothèque nationale (vitrine XXIX) a été destiné à Judocus Ott de Mospach, sous la date du 31 décembre 1454. Les caractères sont de même type que ceux de Gutenberg.

On attribue la même date approximative de 1454 ou 55 au Donat (grammaire latine d'Ælius Donatus), dont il n'existe que deux feuillets sur vélin, imprimés avec les caractères de la Bible Mazarine, et provenant certainement de l'atelier de Gutenberg, avant ou après sa rupture avec Fust (vitrine XXIX).

Cette rupture eut précisément pour cause le succès de l'invention, consacré par l'achèvement de la *Bible des quarante-deux lignes*. Au lieu d'admirer et de vénérer le grand homme qu'il avait eu la bonne fortune d'assister de ses deniers, Fust ne songea qu'à le dépouiller et à s'approprier le fruit de son génie. Il ne put réaliser que la première partie de son plan. Il ruina Gutenberg, sans parvenir à lui arracher la gloire de sa découverte ni la reconnaissance de la postérité. Jean Fust commença par assigner Gutenberg en règlement de comptes, lui réclamant le remboursement de 2,020 florins d'or, comprenant les 1,600 florins qu'il avait avancés et les intérêts à six pour cent. Gutenberg répondit que les 800 premiers florins ne lui avaient point été payés en un seul versement conformément à l'acte d'association, et qu'ils avaient été employés aux préparatifs du travail ; que, quant aux autres sommes, il offrait d'en rendre compte, mais qu'il ne croyait pas être tenu aux intérêts. A défaut par Gutenberg de lui donner pleine satisfaction, Fust demandait à être mis en possession du matériel de l'imprimerie et des exemplaires de la Bible. Cette dernière réclamation fit saigner le cœur de Gutenberg : « J'espère, Fust, écrivait-il, que le matériel de l'imprimerie vous est une garantie suffisante de vos 800 premiers florins et que vous ne me prendrez pas encore les exemplaires de ma Bible. » Les juges ayant déféré le serment à Fust, et celui-ci l'ayant prêté, Gutenberg fut condamné à payer les intérêts ainsi que la partie du capital que ses comptes prouveraient avoir été employée à son profit particulier ; ce dont Fust demanda et obtint acte devant le notaire Ulric Helmasperger, le 6 novembre 1455.

En conséquence, Gutenberg dut abandonner tout ce qu'il possédait à son avide associé.

On a compris, par ce qui précède, que Fust n'était jusque-là que le bailleur de fonds de Gutenberg, et qu'il continuait son existence bourgeoise dans son riche logis, tandis que Gutenberg travaillait et prenait de la peine dans l'atelier de la maison qu'il avait louée.

Du jour où l'association fut rompue, il y eut à Mayence trois *maisons de l'imprimerie :*

1° Celle qu'on appelle *Hof zum Jungen,* que Gutenberg abandonna, et où il avait imprimé la *Bible des quarante-deux lignes;* elle existe encore à Mayence.

2° Celle qu'on appelle *Hof zum Heimbreicht* ou *Heinerhof,* et qu'on nomme aujourd'hui la maison des Trois-Rois, rue des Cordonniers, dans laquelle Fust installa le matériel de Gutenberg.

3° Celle qu'on appelle encore aujourd'hui la maison de Gutenberg, dans laquelle il fit construire de nouvelles presses, et qui est actuellement occupée par le Casino de la ville de Mayence.

Ne soyons cependant pas trop rigoureux pour la mémoire de Jean Fust, qui prit part autrement qu'en capitaliste à la création de l'imprimerie typographique. D'après un témoignage de grand poids, car il émane d'un auteur contemporain, l'abbé Trithème, qui tenait ses informations de bonne source, comme on le va voir, Fust, devenu l'associé de Gutenberg, avait réalisé de concert avec celui-ci un premier perfectionnement de très haute portée, en inventant les matrices pour fondre les caractères, qui jusque-là, Trithème l'affirme en termes exprès, avaient été sculptés à la main (*quos priùs manibus sculpebant*). Ces matrices primitives furent obtenues par la fonte ; elles servaient, néanmoins, comme les matrices d'aujourd'hui, à obtenir, également par la fonte, des caractères de cuivre ou d'étain.

Il restait un dernier progrès à accomplir, c'était de

supprimer la fonte des matrices et de la remplacer par un simple bloc de cuivre brut, sur lequel on frapperait l'effigie en creux d'une lettre quelconque, au moyen d'un poinçon d'acier portant cette même lettre gravée en relief. Telle fut l'invention propre de Pierre Schœffer.

Parmi les collaborateurs accessoires que Jean Fust dut s'attacher pour l'exploitation de son imprimerie dans la Heinerhof, se trouvait un jeune homme employé en qualité de copiste, de calligraphe ou peut-être de correcteur (*clericus*). Il se passionna pour l'art nouveau, autant que pour la belle Christine, la fille de l'orfèvre : c'était Pierre Schœffer de Gernsheim. C'est lui qui créa le *poinçon typographique*. Jean Fust comprit l'étendue et la beauté de cette nouvelle invention, qui réalisait intégralement le problème de la *typographie* proprement dite, puisqu'il rendait la fabrication des *types* facile, économique et illimitée. Jean Fust lui rendit plus de justice qu'à Gutenberg. Pierre Schœffer devint son gendre (entre 1462 et 1465).

La mémoire de ce fait véridique, quoique d'apparence romanesque, est conservée dans une note finale de l'*Histoire abrégée des Francs*, par Jean Trithème, abbé de Spanheim, ainsi conçue :

« Ce présent ouvrage de chronique a été achevé d'imprimer en 1515, en la noble et fameuse ville de Mayence (où l'art de l'imprimerie a été premièrement inventé), par Jean Schœffer, petit-fils d'honnête homme Jean Fust, citoyen de Mayence, premier auteur de cet art, qui le trouva par son invention, et qu'il commença d'exercer en 1450, indiction treizième, étant empereur Frédéric III, et archevêque de Mayence Thierry Pincerna de Ehrbach, prince et électeur. En 1452, il perfectionna cet art avec l'aide de Dieu et de Pierre Schœffer de Gernsheim, qui trouva plusieurs choses nécessaires pour l'augmentation de cet art, auquel, pour récompense de tous ses travaux et inventions, il donna sa fille Christine Fust en mariage. »

Cette note fut rédigée par l'imprimeur lui-même, fils de Christine et de Schœffer; elle renferme cependant sur les origines et la date de l'imprimerie des erreurs qu'on ne peut croire involontaires, parce qu'elles ont pour but évident d'éliminer Gutenberg, qui n'est pas même nommé. En commettant ce déni de justice, Jean Schœffer oubliait qu'il avait lui-même reconnu les droits et la gloire de Gutenberg dans la dédicace du *Tite-Live* en allemand présenté par lui, Jean Schœffer, à l'empereur Maximilien en 1505.

Quoi qu'il en soit, la part de Schœffer ne saurait être contestée ; son invention posa réellement les colonnes d'Hercule de la typographie ; elle frappe surtout par sa simplicité sublime. La forme d'une lettre est gravée en relief au bout d'un poinçon d'acier ; ce poinçon, ayant subi la trempe, frappe une empreinte en creux sur une petite plaque de cuivre rouge nommée matrice; cette matrice étant fixée au fond d'un moule spécial, on obtient très rapidement, en y coulant du métal en fusion, autant de lettres du même type qu'on le désire, dix mille, cent mille,

Fondeur en caractères.

un million, toutes exactement semblables de modèle et de forme, puisqu'elles viennent d'un seul type une fois gravé, et d'une justesse d'alignement parfaite.

Ainsi Gutenberg a créé le type mobile, taillé ou gravé à la main;

Gutenberg et Fust ont inventé la matrice fondue, sur laquelle se fondaient à leur tour les caractères ;

Schœffer a inventé le poinçon dur qui frappe la matrice malléable.

La postérité réunit à bon droit leurs trois figures dans une même médaille couronnée de cet exergue immortel : Gutenberg, Fust, Schœffer.

Par un rapprochement curieux entre le xve siècle ou le siècle de l'imprimerie et le xixe siècle ou le siècle de la vapeur, c'est également à trois inventeurs successifs que nous devons la locomotive : à Fulton, qui appliqua la vapeur à la locomotion par eau ; à Stephenson, qui construisit la première locomotive terrestre ; à Séguin, qui la fit marcher en inventant la chaudière tubulaire.

Les impressions dues à l'association de Fust et de Schœffer sont nombreuses et de date certaine ; je citerai seulement le Psautier latin, 1457, in-folio sur vélin, signé Jean Fust et Pierre Schoiffer, *le premier livre imprimé avec date;* le Rationale divinorum officiorum, 1459, in-folio ; les Constitutiones de Clément V, 1460, in-folio, *première édition des Clémentines;* le texte est encadré par les commentaires de Jean André ; c'est *le premier exemple typographique* d'un texte encadré par une glose en petit caractère ; la Bible en latin, 1462, 2 volumes in-folio, *première édition datée de la Bible;* le traité des Devoirs (*de Officiis*) de Cicéron, 1465, in-4°, *le premier classique latin imprimé, le premier livre régulièrement interligné*[1], etc., etc.

Cependant Gutenberg ne demeurait pas inactif.

Fust, Gutenberg, Schœffer.

Grâce aux bons offices de Conrad Hanequis, échevin de Mayence, il avait reconstitué dès le lendemain même

[1]. Ces indications descriptives sont pour la plupart empruntées au catalogue de la Bibliothèque nationale, rédigé par le savant conservateur M. Thierry.

de sa brouille avec Fust, c'est-à dire dès les premiers jours de 1456, un atelier qu'il dirigea seul. Fidèle à sa résolution vraiment inexplicable, il n'apposa son nom à aucun des livres sortis de ses presses ; mais il est certain qu'il en imprima un certain nombre entre 1455 et 1459, ainsi que l'atteste un acte authentique daté du jour de la Sainte-Marguerite, 20 juillet 1459. Je le transcris ici comme un des rares documents qui émanent directement de Gutenberg :

« Nous, Henne Genszfleisch de Sulgelhoc, nommé Gudinberg, et nous, Friele Genszfleich, frères, affirmons et déclarons publiquement par les présentes et savoir faisons à tous que, du conseil et consentement de nos chers cousins Jean et Friele et Pedirmann Genszfleisch, frères, à Mayence, avons renoncé et renonçons par les présentes, pour nous et nos hoirs simplement, totalement et à la fois, sans fraude ni ruse, à tout le bien qui a passé par notre sœur Hebele au couvent de Sainte-Claire de Mayence, dans lequel elle fut faite religieuse, soit que ledit bien y soit parvenu de la part de notre père Henne Genszfleisch, qui l'a donné lui-même, ou de quelle manière que le bien y soit parvenu, soit en grains, argent comptant, meubles, bijoux, ou quoi que ce soit, que les respectables religieuses l'abbesse et les sœurs dudit couvent ont reçu en commun et en particulier, ou d'autres personnes du couvent (ont reçu) de ladite Hebele, peu ou beaucoup, et avons promis et promettons par les présentes, de bonne foi, pour nous et nos frères, que ni nous ni personne de notre part, etc., ne redemanderons ni réclamerons dudit couvent ledit bien quel qu'il soit, etc. *Et quant aux livres que moi, Henne susdit, ai donnés à la bibliothèque du couvent, ils doivent y rester toujours et à perpétuité, et je me propose, moi Henne susdit, de donner aussi sans fraude à l'avenir audit couvent pour sa bibliothèque, à l'usage des religieuses présentes et futures, pour leur religion et culte, soit pour la lecture ou le chant, ou de quelle manière elles voudront s'en servir d'après les règles de leur ordre, les livres que moi Henne susdit ai déjà imprimés à cette heure, ou que je pourrai imprimer à l'avenir, et tant qu'elles voudront s'en servir...* Fait et donné l'an de la naissance de J.-C. 1459, le jour de sainte Marguerite. »

Ce dernier passage est très positif; ce n'est cependant qu'à l'année suivante, 1460, que remontent les premiers ouvrages généralement attribués à Gutenberg seul, et dont le principal est un énorme dictionnaire in-folio, intitulé *Joannis Balbi de Janua Summa quæ vocatur Catholicon*, communément appelé le *Catholicon* tout court.

La tradition veut que Gutenberg, rendant pleine justice aux progrès réalisés par l'invention de Schœffer, se soit approvisionné de caractères fondus par l'associé de Fust. Un passage d'une pièce de vers léonins intitulée *Colophon,* qui accompagne le *Catholicon,* semble confirmer la tradition : « Ce livre, disent-ils, n'est l'œuvre ni du roseau, ni du style, ni de la plume ; il résulte de l'accord merveilleux des types et des formes qui, grâce à la justesse et à l'harmonie de leurs dimensions, ont servi à l'imprimer. »

Ces qualifications laudatives s'appliquent exactement aux caractères fondus par les procédés nouveaux : car le défaut irrémédiable des premiers types taillés ou gravés à la main devait être le manque de justesse et d'harmonie.

Jean Balbi de Gênes (*Janua*) était un écrivain du xiiie siècle, et son *Catholicon* avait été daté par lui-même du 7 mars 1286. Souvent multiplié par la calligraphie, le dictionnaire ou plutôt l'encyclopédie de Jean Balbi fut imprimée pour la première fois par Gutenberg. Le *Colophon* ou chant de triomphe qui termine cette édition *princeps* est attribué à Gutenberg lui-même, qui fait hommage au Dieu créateur de son invention sublime : « Pour ce bienfait, s'écrie-t-il, reçois, ô Père éternel, pour Toi, pour ton Fils, et pour l'Esprit-Saint, nos louanges et nos hommages ; reçois-les, ô Divinité, une et triple à la fois ; et toi, Chrétien, fais hommage de ce livre à notre Sainte Église, sans oublier d'honorer la Vierge Marie. » Ces vers ou plutôt cet hymne exprime fidèlement les sentiments d'enthousiasme et d'admiration que l'invention de l'imprimerie excita dans ce siècle religieux, à la veille même de la Réforme, à laquelle l'imprimerie allait fournir un si redoutable instrument de propagande.

Étant donné, comme on n'en saurait douter, en dépit de quelques contradictions isolées et dénuées de preuves, que le *Catholicon* soit sorti de l'imprimerie de Gutenberg, c'est encore à lui qu'il faut attribuer, par voie de conséquence, les ouvrages suivants, imprimés avec les mêmes caractères :

La *Somme* de saint Thomas, in-4°; le *Traité de la raison et de la conscience* (*Tractatus rationis et conscientiæ*) de Mathieu de Cracovie; le *Traité des conciles,* en allemand, in-4°; et le *Miroir des prêtres* (*Speculum sacerdotum*), in-4°.

Quant à la Bible latine in-folio dite des trente-six lignes, qu'on a souvent attribuée à Gutenberg et qu'on prétendait même avoir précédé la Bible des quarante-deux lignes, on paraît d'accord aujourd'hui pour la restituer à un élève de Gutenberg nommé Albert Pfister, établi imprimeur à Bamberg dès 1461.

On pense que Gutenberg exerça son art jusqu'en 1465 et qu'il l'abandonna en cette même année, ayant été nommé gentilhomme de la maison de l'électeur Adolphe II, comte de Nassau, archevêque de Mayence, avec une gratification annuelle d'un costume de cour, de vingt mesures de blé et de deux foudres de vin. Vieux et brisé par les secousses de sa vie agitée, Gutenberg accepta cette retraite paisible. Il s'éteignit doucement à Mayence, âgé de soixante-dix ans au moins ; on fixe généralement la date de sa mort au 24 février 1468. On l'inhuma dans l'église des Franciscains.

Le dernier associé ou bailleur de fonds de Gutenberg, le syndic Conrad Hanequis, demeuré possesseur de l'imprimerie Gutenberg, prit l'engagement envers l'électeur-archevêque de ne pas la céder aux étrangers ; et, de fait, il la vendit à Nicolas Bechtermuncze, imprimeur à Eltvil ou Elfeld, lieu de résidence de l'électeur, curieuse ville située sur la rive droite du Rhin, en allant de Mayence à Coblentz.

VIII

LA DISPERSION

Le secret de l'art nouveau et des procédés complexes qui le composent paraît avoir été gardé jusqu'à l'année 1460 inclusivement. Dès l'année 1461, un graveur habile, que j'ai déjà nommé, Albert Pfister, s'était établi imprimeur à Bamberg, où il travaillait avec des caractères identiques à ceux de Gutenberg. Comment le premier rejeton poussé hors de l'imprimerie mayençaise apparut-il en Bavière, en remontant le cours du Mein et de son affluent la Reignitz, c'est un fait qui ne peut se comprendre que par des circonstances particulières demeurées inconnues.

L'année suivante fut marquée par des événements graves. L'électeur de Saxe fondit sur Mayence, la prit d'assaut le 27 octobre 1462 et la livra au pillage.

Les imprimeries se fermèrent, et les ouvriers qu'elles employaient changèrent d'état ou bien se dispersèrent. Telle est l'explication du premier voyage de Fust à Paris, d'où il revint promptement à Mayence.

Deux ouvriers émigrés de cette ville, Conrad Sweynheym et Arnold Pannartz, franchirent les Alpes et portèrent en Italie l'art de Gutenberg, de Fust et de Schœffer. Ils s'arrêtèrent au célèbre monastère de Subiaco, fondé par saint Benoît, dans la campagne de Rome; ils y montèrent un atelier, avec le secours des Pères bénédictins; ils y entreprirent la célèbre édition des œuvres de Lactance, in-folio, qu'ils achevèrent le 29 octobre 1465; c'est *le premier livre imprimé avec date en Italie* et l'édition *princeps* de Lactance. Ils y donnèrent encore l'édition *princeps,* in-folio, du livre de Cicéron *de Oratore,* et le traité de la *Cité de Dieu* de saint Augustin, achevé d'imprimer le 12 juin 1467.

Aussitôt après, ils se transportèrent à Rome, où les deux frères Pierre et François de Maximis les accueillirent noblement dans leur palais. Le très savant évêque d'Alérie, passionné pour l'art nouveau, se fit le correcteur et l'éditeur de leurs livres; grâce à ce précieux concours, Sweynheym et Pannartz parvinrent, en moins de cinq mois, à publier les lettres de Cicéron à ses amis (*Epistolæ ad familiares*), in-4°.

Les deux imprimeurs avaient employé, pour leur imprimerie de Subiaco, des caractères qui appartenaient encore au type allemand, vulgairement appelé gothique, mais dont ils avaient sensiblement adouci les angles. La vue des monuments de Rome et des inscriptions qui s'y trouvaient tracées leur inspira la pensée d'en imiter le type ; ainsi fut créé le caractère rond qu'on appelle à juste titre le *caractère romain,* qu'ils employèrent à l'impression de leur nouvel ouvrage.

Ainsi les *Epistolæ ad familiares* de Cicéron sont à la fois *le premier livre imprimé à Rome,* et *le premier livre imprimé en caractères romains.* Ajoutons que ce livre est un merveilleux chef-d'œuvre de typographie, par la triple perfection du caractère, de la composition et du tirage. On peut en admirer un superbe exemplaire sous la vitrine VIII de la galerie Mazarine, à la Bibliothèque nationale.

L'année suivante, ils eurent à Rome même un concurrent nommé Ulrich Hahn, comme eux venu de Mayence, auquel certains érudits ont voulu attribuer une antériorité que démentent les faits. Le premier livre d'Ulrich Hahn, imprimé à Rome, le *de Oratore* de Cicéron, est daté de 1468.

Des imprimeries se créèrent successivement à Cologne (1466), à Bâle (1467), à Augsbourg (1468), à Venise et à Milan (1469), enfin à Paris, en 1470.

IX

L'IMPRIMERIE A PARIS

Fust était revenu vers 1464 à Paris, où il gagna, dit-on, quelque argent. On croit savoir qu'il vendit entre autres un exemplaire de la Bible des quarante-deux lignes pour une somme d'environ 2,000 livres, prix considérable, mais quatre fois moindre que celui d'un manuscrit. On a mis en doute que les premières impressions de ce genre, dites *incunables* (de *incunabulum,* berceau), aient pu passer pour des manuscrits. C'est une question à élucider.

Le mystère de la typographie ne doit s'entendre que des moyens nouveaux d'exécution inventés par Gutenberg et ses collaborateurs. Le livre *imprimé* était connu avant eux sous la forme xylographique. Il est même intéressant de constater, à ce propos, que la typographie, c'est-à-dire l'impression en caractères mobiles, ne détrôna pas du premier coup la xylographie, c'est-à-dire l'impression des livres gravés sur bois ; on connaît des calendriers de cette dernière espèce dont la première édition porte la date de 1474, postérieure de vingt ans au premier livre de Gutenberg ; enfin, la Bibliothèque nationale expose (n° 33 du catalogue, vitrine IX) un livre in-folio, le *Speculum humanæ salvationis,* dont vingt pages de texte et toutes les figures ont été gravées sur bois et imprimées au frotton avec l'encre grise, tandis que le reste du texte est imprimé sur caractères mobiles à l'encre noire. C'est la transition d'un art à un autre art, de même qu'en histoire naturelle l'ornithorynque, par exemple, offre la transition du règne des oiseaux au règne des mammifères.

Il n'est donc pas vraisemblable que Fust ni aucun des premiers imprimeurs aient cherché à présenter frauduleusement des livres imprimés pour des livres manuscrits ; mais il est admissible qu'ils se soient efforcés de rapprocher les uns et les autres pour satisfaire aux goûts des amateurs.

Les plus anciens livres connus, la Bible de quarante-deux lignes, par exemple, sont imprimés tout nus, sans aucun ornement imprimé, c'est-à-dire sans titres, sans chapitres ni grandes lettres initiales. On en connaît bien quelques exemplaires dont les lacunes ont été remplies en couleur, à la presse ; mais ordinairement on laissait au miniaturiste, désigné sous le nom de *rubricateur* (ce qui veut dire textuellement peintre en rouge), le soin de dessiner au pinceau les titres ou rubriques des chapitres et les grandes lettres initiales. Les livres ainsi complétés par des ornements à la main pouvaient lutter d'aspect et de somptuosité artistique avec nombre de manuscrits.

Fust, après avoir fondé les bases de son commerce à Paris et y avoir institué des représentants, se disposait en 1466 à retourner définitivement à Mayence, lorsqu'il fut atteint de la peste qui ravageait Paris, et dont il mourut.

Une ville intelligente comme l'illustre cité des Parisiens ne pouvait demeurer indéfiniment tributaire de l'étranger pour l'industrie nouvelle sur laquelle Fust et ses commis avaient pris soin d'éveiller sa curiosité admirative.

Trois années après la mort de Fust, Paris enfin posséda son imprimerie. On la dut à l'initiative de deux savants docteurs en théologie de la maison de Sorbonne, Guillaume Fichet et Jean de la Pierre, qui firent venir d'Allemagne, en 1469, trois ouvriers imprimeurs, Ulric Gering, Martin Crantz et Michel Friburger. Ils leur fournirent une salle dans les bâtiments même de la Sorbonne. C'est dans ce sanctuaire de la science catholique que les trois premiers imprimeurs parisiens montèrent leurs presses, tout au commencement de l'année 1470. Ils imprimèrent d'abord le recueil de lettres « suavissimes » d'un grand écrivain de ce temps-là, inconnu de l'ingrate postérité, nommé Gasparini de Bergame. Voici le titre de cet ouvrage in-quarto, dont deux exemplaires sont exposés dans les vitrines de la Bibliothèque nationale (vitrines XXI et XXVIII, n°ˢ 229-30) : *Gasparini Pergamensis epistolarum liber*. Paris, imprimé en Sorbonne par Ulric Gering, Martin Crantz et Michel Friburger.

Le glorieux droit d'aînesse de ce premier des livres parisiens est constaté par l'épigramme latine qui le termine, où il est dit :

> Primos ecce libros, quos hæc industria finxit
> Francorum in terris, ædibus atque tuis;
> Michael, Udalricus, Martinus magistri
> Ilos impresserunt ac facient alios.

Qui se traduit ainsi : « Voici les premiers livres que cette industrie a produits sur la terre de France et dans ta demeure. Les maîtres Michel, Ulric et Martin les ont imprimés et en feront d'autres encore. » Ils tinrent parole avec une rare activité : car, en moins de trois ans, de 1470 à 1472, ils imprimèrent quinze ouvrages que notre Bibliothèque nationale possède tous, et parmi lesquels on remarque plusieurs classiques latins, Salluste, Florus, les *Tusculanes*, les *Offices* de Cicéron, les comédies de Térence et les *Offices* de saint Ambroise.

L'initiateur de ce mouvement intellectuel, Guillaume Fichet, prieur de la Sorbonne, ayant été appelé à Rome par le pape Sixte IV en 1471, et son ami le bibliothécaire Jean de la Pierre s'étant fait chartreux, les trois associés quittèrent la Sorbonne peu après le départ de leurs protecteurs et s'établirent dans une maison à eux, rue Saint-Jacques, au Soleil d'or. C'est à cette époque, 1473, qu'ils commencèrent à dater leurs impressions. La première fut l'ouvrage de Guy de Montrocher intitulé *Manipulus curatorum*, 1473, in-folio; la seconde fut la Bible en latin, 1476, in-folio, la plus ancienne des Bibles imprimées en France (n° 248 du catalogue de la Bibl. nat., vitrine XXVIII).

Ils continuèrent d'imprimer ensemble jusqu'à la fin de 1477. Martin Crantz et Michel Friburger se retirèrent à cette époque. Gering travailla seul pendant l'année 1478; il publia les œuvres de Virgile, in-4°; puis il prit un nouvel associé, Guillaume Maynyal, de 1479 à 1480. Vers la fin de 1483, il quitta la rue Saint-Jacques et transporta le Soleil d'or dans une maison de la Sorbonne, rue de Sorbonne, preuve que l'illustre société lui continuait son patronage. C'est là qu'il imprima, en société avec Berthold Rembold, du diocèse de Strasbourg, de 1494 à 1509, plusieurs ouvrages considérables, jusqu'à sa mort survenue le 23 août 1510.

Cependant, Pierre Schœffer, désormais seul chef de l'imprimerie de Mayence, la fit prospérer, et l'agrandit bientôt en s'associant à Conrad Hanequis, l'ancien commanditaire de Gutenberg. Malgré la propagation rapide de la typographie, les presses de Mayence conservaient, sinon une supériorité réelle, du moins une renommée universelle. L'office de Martin Crantz à Paris ne nuisait nullement aux intérêts de Schœffer, dont la présence à Paris est attestée, sous la date du 30 octobre 1471, par l'obituaire de l'ancienne abbaye de Saint-Victor, qui contient cette mention très curieuse : « Anniversaire des honorables hommes Pierre Schœffer et Conrad Henlif (pour Hanequis), et de Jean Fust, citoyens de Mayence, imprimeurs de livres, ainsi que de leurs épouses, enfants, parents, amis et bienfaiteurs. Lesquels Pierre et Conrad nous ont donné les Epîtres de saint Jérôme imprimées en parchemin, moyennant la somme de douze écus d'or, qu'ils ont reçue des mains de dom Jean, abbé de cette église. 3 kalendes de novembre 1471. » En d'autres termes, Schœffer et Hanequis avaient vendu leur Saint Jérôme à l'abbaye de Saint-Victor moyennant douze écus d'or plus une messe anniversaire pour eux et les leurs, y compris le défunt Jean Fust, beau-père de Pierre Schœffer, qui lui-même, on s'en souvient, prenait le titre de clerc de l'Université de Paris.

Pierre Schœffer et Conrad Hanequis conservèrent longtemps à Paris des commis chargés d'y débiter leurs livres. Ceci est attesté par une ordonnance de Louis XI que je vais transcrire en partie. Ce morceau est d'un haut intérêt ; il donne la mesure de la bienveillance de Louis XI pour la typographie, et, de l'autre, c'est le premier monument judiciaire ou législatif qui fasse mention de cet art.

Lettres qui accordent une exemption de droict d'aubayne en faveur de deux habitants de Maïence, inventeurs de l'imprimerie, pour encourager cet art.

Paris, 21 avril 1475.

Louys, etc. De la part de nos chers et bienamés Conrart Hanequis et Pierre Scheffre, marchands bourgeois de la cité de Maïence en Allemagne, nous a esté exposé qu'ils ont commis à Paris plusieurs gentz pour vieulx livres vendre et distribuer, et, entre autres, depuis certain temps en ce commirent et ordonnèrent pour eux un nommé *Herman de Stathœn,* natif du diocèze de Munster en Allemagne, auquel ils baillèrent et envoyèrent certaine quantité de livres pour iceulx vendre là où il treuveroit au profict desdits Conrart Hanequis et Pierre Scheffre, auxquels ledit Stathœn seroit tenu d'en tenir compte, et est cet iceluy Stathœn allé de vie à trespas en nostre dicte ville de Paris; et pour ce que, par la loi générale de nostre royaume, toustes fois que aucun étranger va de vie à trespassement, sans lettres de naturalité, tous les biens qu'il a en nostre dict royaume, nous compètent et appartiennent par droit d'aubenage, nostre procureur ou autres nos officiers ou commissaires firent prendre, saisir et arrester tous les livres et autres biens qu'il avoit avec lui, et les deniers qui en sont venus ont été distribuez; après lesquelles choses lesdits Conrart Hanequis et Pierre Scheffre se sont tirés par devers nous et les gens de nostre conseil.

Nous, *ayant considération de la peine et labeur que lesdicts exposans ont prins pour le dict art et industrie de l'impression, et au profict et utilité qui en vient et peut venir à toute la chose publique, tant pour l'augmentation de la science que autrement,* et combien que toute la valeur et estimation desdicts livres et autres biens qui sont venus à nostre cognoissance ne montent pas de grand chose ladicte somme de 2,425 escus et 3 sols tournois, à quoi lesdicts exposans les ont estimés, néantmoins, pour les considérations susdittes et autres à ce nous mouvants, sommes libéralement condescendus de faire restituer auxdicts Conrart Hanequis et Pierre Scheffre ladicte somme de 2,425 escus et 3 sols tournois, et leur avons accordé et octroyé, accordons et octroyons par ces présentes, que sur les deniers de nos finances ils ayent et prennent la somme de 800 livres pour chacun an, à commencer la première année au premier iour d'octobre prochain venant, et continuer d'an en an d'aller en avant jusques à ce qu'ils soient entièrement payés de ladite somme de 2,425 escus et 3 sols tournois. Si vous mandons, etc.

Par le roy, l'évesque d'Evreux et plusieurs autres présens.

Il me reste à compléter cette partie de mon travail par la liste complète des autres imprimeurs parisiens jusqu'à l'année 1500 :

Pierre Cæsaris, maître ès arts de l'Université de Paris, et son associé Jean Stol, tous deux élèves de Gering (1473-79); Aspaïs Bonhomme (1474); Pasquier Bonhomme (1475), à qui l'on doit la première édition des Grandes Chroniques de France, *le premier livre français imprimé à Paris avec date* (1476); Antoine Verard, Gillet Cousteau et Jean Menard (1480-1500); Jean du Pré, *de Prato* ou *de Pratis* (1480-95); les frères Geoffroy, Engelbert et Jean de Marnef (1481-1500); Nicolas Philippe de Strasbourg (1481); François Regnault (1481); Marc Rheinardi, de Strasbourg (1481); Guillaume Soldat, *Miles* (1481); Pierre Marchand (1482); Antoine Cailleau et Louis Martineau (1483-85); Denys Ier Janot (1484); Georges Mittelhus (1484-1500); Jean Bonhomme, frère de Pasquier (1486); Jean Higman (1484-1500); Philippe Pigouchet, associé de Marnef (1484-91); Simon Vostre (1484-1500); Robinet Macé (1486); Jean Driart (1486-98); Pierre Levet (1485-1500); Guy Marchand (1483-1500); Jean Carchagni (1487); Pierre Le Rouge, *Rubens*, associé de Verard (1488-90); Michel Le Noir (1489-1500); Pierre Caron (1474-94); Dupand Gerlier (1489-1500); Wolfgang Hopyl (1489-1500); Georges Wolff, de Bade (1489-1500); Guillaume Caron et Jean Belin (1489-92); Denys Rose ou Rosse (1490-1500); Jacques Maillet, *Malietus* (1490); Petit Laurent (1491-99); Jean Trepperel (1494); Jean Lambert (1493-96); Jean Maurand (1493-97); Jean Philippi, de Creuznach (1494); Claude Jammart (1494); Pierre Le Dru (1494-1500); Pierre Pouillac (1495); Étienne Janot (1495); Pierre Regnault (1496); Josse Bade (1498-1500); Jean Petit (1498); Jean Bouyer (1495); Guillaume Boucher, André Bocard (1496); Henri Estienne (1490); Manstener (1497); Jean Richard (1497-99); Jean Alexandre (1497); Antoine de Nidel, maître ès arts (1497-99); Alexandre Aliate (1500); Thielman Kerver (1497); Poncet Le Preux (1498); Robert de Gourmont (1498); Jean Poitevin (1498); Nicolas Wolf (1499); Nicolas de la Barre (1499); Michel de Tolosa (1499); Nicolas Waultier (1500).

Ajoutons un renseignement non moins curieux qu'essentiel ; c'est que le *premier livre imprimé en français* ne le fut ni à Paris ni dans aucune ville de France : c'est le *Recueil des histoires de Troyes* de Raoul Le Febvre, in-folio, imprimé à Cologne par William Caxton, entre 1464 et 1467. Ainsi le premier livre en langue française a été imprimé en Allemagne par un Anglais

X

FIN DE L'HISTOIRE DE LA TYPOGRAPHIE AU XVe SIÈCLE.

Pour compléter l'histoire de la typographie du quinzième siècle, il ne nous reste qu'à indiquer quelles villes se pourvurent d'imprimeries de 1462, époque de la dispersion, jusqu'à l'an 1500.

1465. Monastère de Subiaco.

1466. Cologne. — Strasbourg.

1467. Bâle. — Elfeld. — Rome.

1468. Augsbourg. — Marienthal.

1469. Venise.

1470. Foligno. — Munster en Argovie. — Nüremberg. — Paris. — Trévi.

1471. Bologne. — Ferrare. — Florence. — Milan. — Naples. — Pavie. — Sarigliano. — Spire. — Trévise.

1472. Brescia. — Crémone. — Esslingen. — Fivizano. — Mantoue. — Mondovi. — Montereale. — Padoue. — Sant'Orso. — Vérone.

1473. *Alost.* — Bude. — Iesi. — Lavingen. — Mersbourg. — Parme. — Ulm. — *Utrecht.*

1474. Côme. — Louvain. — Gênes. — Turin. — Vicence. — Westminster et Londres.

1475. Blauburren. — Bürgdorf. — Bruges. — Cagli. — Casole. — Lübeck. — *Messine.* — Modène. — Pérouse. — Pieve di Sacco. — Plaisance. — Reggio. — Séville. — Valence d'Espagne.

1476. Angers. — Anvers. — Bruxelles. — Lyon. — Neu-Pilsen. — Pogliano. — Rostock. — Rouen. — Trente.

1477. Ascoli. — Delft. — Deventer. — Gouda. — Lucques.

1478. Chablis. — Colle. — Cosenza. — Eichstett. — Genève. — Oxford. — Palerme. — Prague. — Schussenried. — Vienne en Dauphiné.

1479. Nimègue. — Pignerol. — Poitiers. — Segorbe. — Toulouse. — Tusculano. — Würtzbourg. — Zwoll.

1480. Audenarde. — Barcelone. — Caen. — Friuli. — Hasselt. — Nonantola. — Reggio en Modenais. — Saint-Albans.

1481. Albi. — Aurach. — Casale. — Leipzig. — Urbino.

1482. Aquila. — Memmingen. — Metz. — Passau. — Reutlingen. — Promenthoux. — *Vienne* en Autriche.

1483. Culembourg. — Gand. — Harlem. — Leyde.

— Magdebourg. — Pise. — Troyes. — Schiedam. — *Stockholm*.

1484. Bois-le-Duc. — Bréhant. — Chambéry. — Loncino. — Loudéac. — Nood. — Rennes. — Sienne. — Winterbourg.

1485. Burgos. — Heildelberg. — Pescia. — Ratisbonne. — Salamanque. — Salins. — Saragosse. — Udine. — Verceil.

1486. Abbeville. — Brünn. — Casalmaggiore. — Chivasso. — Münster en Westphalie. — Sleswig. — Soncini. — Tolède. — Voghera.

1487. Besançon. — Gaète. — Ischar. — Lantenac. — Murcie.

1488. Tarragone. — Viterbe.

1489. Cuttenberg. — Haguenau. — Lerida. — Lisbonne. — San-Cucufa.

1490. Ingolstadt. — Orléans. — Temeswar.

1491. Angoulême. — Dijon. — Goupillières. — Nozani.

1492. Dôle. — Livia. — Tennar. — Valladolid.

1493. Albe. — Châlons-sur-Marne. — Cluny. — *Copenhague*. — Fribourg. — Lausanne. — Lunebourg. — Mâcon. — Nantes.

1494. Oppenheim.

1495. Forli. — Freisigen. — Limoges. — Scandiano. — Schœnhoven.

1496. Barco. — Grenade. — Offenbourg. —

Pampelune. — Provins. — Tours. — Valence en Dauphiné.

1497. Avignon. — Carmagnola.

1498. Tubingen.

1499. Montserrat. — Tréguier.

1500. Cracovie. — Jaën. — Münich. — Olmütz. — Perpignan. — Pforlzheim. — Reenem. — Valenciennes.

L'imprimerie de Genève avait débuté en 1478, par le *Traité des anges,* du cardinal Ximenès. C'est à Pignerol que parurent pour la première fois les *Satires* de Juvénal en latin, in-folio, 1479.

Amerbach s'établit à Bâle en 1481 et fit venir pour le seconder Jean Froben, qui lui succéda par la suite. Ce dernier se distingua par une probité scrupuleuse et refusa constamment d'imprimer les libelles qui firent la fortune des typographes de Hollande.

La petite ville d'Essling, si célèbre dans notre siècle à des titres plus terribles, se distingua de 1475 à 1477 par une singulière spécialité; elle n'imprima que des livres contre les Juifs, entre autres *Petri Nigri de Judæorum perfidiâ tractatus,* et un *Traité contre les Juifs,* par le frère Pierre Bruder, de l'ordre des Frères prêcheurs.

A Vannes, en 1480, François Henner de Hailbrun imprima, par ordre de l'évêque de Nantes, un bréviaire sur vélin, in-12, paginé à chiffres arabes, et qui passe pour l'un des plus anciens livres de ce genre

(Londres, 1481); Bruges imprima Ovide en 1484; Florence fit paraître en 1482 le traité de Platon sur l'immortalité de l'âme; Abbeville fit paraître en 1497 l'*Histoire de la papesse Jeanne,* in-folio avec gravures, imprimée par Laurent le Rouge, de Valence.

La ville de Salonique en Grèce avait une imprimerie dès 1493. En cette même année, Étienne Larcher, imprimeur à Nantes, publia les *Lunettes des princes,* de Jehan Meschinot, maître d'hôtel de la reine Anne. Dans cette même année, l'*Imitation de Jésus-Christ,* par Thomas A-Kempis, vit le jour à Lunebourg pour la première fois.

DEUXIÈME PARTIE

I

L'ART TYPOGRAPHIQUE

Dans la première partie de ce travail, nous avons montré les inventeurs à l'œuvre ; nous avons dit leurs luttes, leurs souffrances. Pour épurer leur gloire, pour la faire briller incontestable, éclatante, dégagée par la discussion, nous avons débrouillé les traditions confuses, incertaines et contradictoires. En choisissant nos matériaux, nous avons même écarté nombre de fables moins admissibles encore que la mythologie des Coster. Il nous a paru sans intérêt d'examiner, avec un grave auteur, si Saturne ne fut pas le véritable inventeur de l'imprimerie, et de disputer sur une phrase mal comprise de Cicéron. Nous avions hâte d'arriver à des résultats clairs et positifs. Désormais, ce tableau succinct ne mentionnera que des faits, et abandonnera complètement la dissertation critique.

Comme nous l'avons dit, la base de l'art de l'imprimerie, c'est le type mobile. Examinons rapidement le concours des industries diverses et nécessaires pour féconder ce point de départ.

Il faut d'abord dessiner, puis graver en relief, au bout d'un poinçon d'acier que l'on trempe une fois gravé, chaque lettre de l'alphabet, chaque signe typographique. La pureté du dessin, la netteté de la gravure, sont les premières conditions de toute beauté typographique. On a donc une collection de poinçons équivalant à un alphabet complet, plus les chiffres et les signes de la ponctuation, et l'on procède au frappage des matrices.

La matrice est un petit billot de cuivre doux, dans lequel, par un procédé mécanique, on enfonce le poinçon d'acier, qui donne ainsi l'empreinte en creux de la lettre qu'il porte en relief à son extrémité.

L'avantage des poinçons sur la gravure directe des matrices est double; d'abord la taille creuse au burin est moins sûre et moins égale que la taille en relief; en second lieu, le poinçon sert à frapper une, deux, dix, cent matrices, et, lorsque les matrices sont usées par la production de cinq cent mille lettres, le poinçon reste neuf et intact, puisqu'il n'a donné qu'un petit nombre d'épreuves.

Ensuite commencent les opérations de la fonte. Prenons la matrice qui représente en creux la lettre *a*. Cette matrice est fixée au fond d'un moule d'une espèce particulière, moule très petit, très léger, que l'ouvrier fondeur manie aisément de la main gauche, au moyen d'un manche double. Cet ouvrier prend avec une cuiller un peu de métal en fusion (alliage de plomb et d'antimoine), et le verse dans le moule. Puis il secoue le moule sur une feuille de papier saupoudrée d'émeri, et il en tombe une petite lame de plomb haute de neuf à dix lignes (environ 22 millimètres), et dont l'extrémité reproduit en relief la lettre frappée dans la matrice. Cette petite lame est le caractère typographique. La hauteur adoptée en France est de 23 millimètres 688.

Lorsqu'on a fondu un nombre suffisant de chaque espèce de lettres, selon les proportions prévues d'après un tableau qu'on appelle une *police*, on porte *la fonte*, c'est-à-dire l'ensemble des caractères de même sorte mis à part, soit par pages ou paquets, soit en cornets, à l'imprimerie, où les ouvriers compositeurs les reçoivent et en remplissent de grandes boîtes qu'on appelle des *casses*, divisées en compartiments qui se nomment *cassetins*. Il y a autant de cassetins que de lettres et de signes typographiques.

L'apparent désordre de ces lettres, de ces chiffres,

de ces signes, est soigneusement calculé pour la célérité du travail de la composition. On a placé au plus près de la main du compositeur les lettres qui se reproduisent le plus souvent dans les mots de la langue française, ce qui explique aussi la différence dans la

La casse d'imprimerie.

dimension des cassetins. On remarquera sur la figure ci-dessus la dimension exceptionnelle du compartiment ou cassetin consacré à la lettre *e;* c'est qu'en effet la lettre *e* domine dans la langue française ; on compte dix mille cinq cents *e* dans une *police* ou assortiment de cent mille lettres ; cinq mille cinq cents *i*; cinq mille *a,* etc.

L'ouvrier se place devant la casse ; il tient dans la main gauche un instrument de fer appelé *composteur*, construit de telle sorte qu'au moyen de l'écartement de ses branches, on obtient la longueur qu'on veut donner aux lignes.

La *copie* (on appelle ainsi le manuscrit de l'auteur) étant placée sous les yeux de l'ouvrier, il prend une à une dans les cassetins les lettres nécessaires, et les range horizontalement dans le composteur jusqu'à ce que la ligne soit pleine. Un cran uniforme, que

Composteur.

portent toutes les lettres, le guide dans cette opération, et lui permet de les mettre dans leur vrai sens sans l'obliger à les regarder une à une. Sa ligne étant finie, il la couvre d'une petite lame de plomb, appelée *interligne* parce qu'elle produit un peu de blanc entre chaque ligne de composition, ét il recommence une ligne nouvelle. Lorsque le composteur est plein, l'ouvrier saisit cette poignée des deux mains, la retire du composteur et la pose sur une planche à rebords qu'on appelle *galée*. Quand cette galée elle-même a reçu un nombre de lignes déterminé, il passe une ficelle autour de la composition, il la serre fortement, et fait un nœud ; la composition ne fait plus qu'une masse solide nommée *paquet,* qu'il pose sur le *marbre,* espèce de table en pierre dure ou en fonte polie.

Lorsque la composition est terminée, l'ouvrier chargé des fonctions de *metteur en pages* rassemble tous les paquets, les divise en pages d'égale longueur, dispose les titres, les blancs, etc.

C'est ici le lieu d'indiquer comment s'obtiennent les blancs en typographie. On met du blanc entre les mots au moyen d'un petit morceau de plomb de même épaisseur que le caractère, du même *point,* comme on dit en typographie, mais beaucoup moins haut sur tige, de sorte qu'à l'impression la couche d'encre ne l'atteint pas. Ces petits blancs s'appellent des *espaces;* ils permettent au compositeur d'augmenter ou de diminuer l'intervalle des mots, et de donner aux lignes une égalité mathématique ; c'est ce qu'on appelle *justifier* la ligne, c'est-à-dire la rendre juste. La longueur déterminée pour les lignes d'un même ouvrage se nomme *justification*.

Le petit blanc par lequel commencent invariablement tous les alinéas est produit par une sorte d'*espace* appelée *cadratin,* c'est-à-dire *petit cadrat,* vu sa forme carrée. En effet, si le caractère employé mesure, par exemple, 9 lignes d'épaisseur (21 millimètres), le cadratin présentera 9 lignes d'épaisseur et 9 lignes de largeur ; s'il était fondu sur la même hauteur que les lettres, il donnerait à l'impression la figure que voici ▪. On fond aussi des demi-cadratins pour faciliter la justification des blancs et des lignes. Les grands blancs qui complètent au besoin la dernière ligne de chaque alinéa sont formés par des blocs de plomb, nommés *cadrats,* dont la largeur est un multiple exact des cadratins; on emploie des cadrats d'un cadratin et demi, de deux, trois et quatre cadratins. Au delà de cette dimension, la barre de plomb destinée à l'usage de blanc se nomme simplement *lingot.*

Pour remplir la fin d'un chapitre, ou pour faire une page entièrement blanche, au lieu d'employer des paquets d'interlignes, on emploie de véritables lingots de plomb, qui atteignent parfois des dimensions considérables en largeur comme en longueur. Dans ce cas, on y fait de grands trous au milieu pour en diminuer le poids. Autrefois on se servait de réglettes en bois; c'est à MM. Didot qu'est due l'invention des garnitures métalliques.

C'est au moyen de ces grosses pièces que se font les marges intérieures, c'est-à-dire les blancs entre les pages elles-mêmes. On les règle sur la dimension du papier qu'on devra employer. Cette série de blancs interpaginaires, construite par le metteur en pages, s'appelle *garniture.* Les pages étant posées sur le marbre et garnies, on entoure le tout d'un châssis de fer portant une barre au milieu. On pose le long et au bas des pages de longs morceaux de bois appelés *biseaux* à cause de leur forme, et l'on enfonce des coins de bois entre ces biseaux et le bord du châssis. Dès lors tout se tient d'une seule pièce comme une planche de menuiserie, et la *planche* ou *forme* peut se

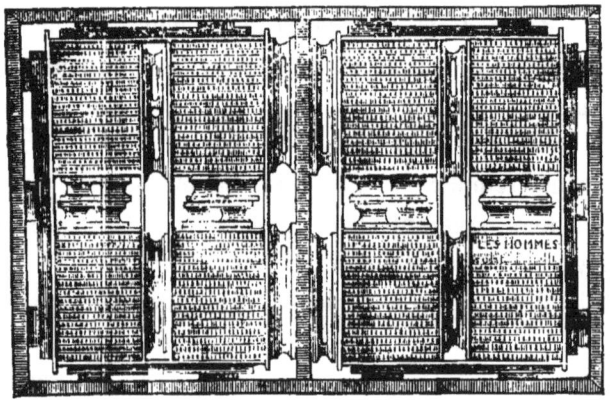

La forme serrée dans son châssis.

manier ou se transporter comme on veut. Le châssis contient deux, quatre, huit, douze, seize, dix-huit, vingt-quatre, trente-deux pages, selon que le format est in-folio, in-quarto, in-octavo, in-douze, in-seize, in-vingt-quatre, in-trente-deux, c'est-à-dire selon que la feuille de papier doit se plier en deux, en quatre, en huit, en douze, en seize, en dix-huit, en vingt-quatre ou en trente-deux feuillets, et contenir par conséquent quatre, huit, seize, vingt-quatre, trente-deux, trente-six, quarante-huit ou soixante-quatre pages.

Mais pour que la feuille de papier puisse se plier de manière à ce que les pages se suivent, il faut que ces pages soient disposées dans un certain ordre, qu'on appelle *imposition,* en partant de ce principe que toute feuille de papier s'imprime des deux côtés, verso et recto, ce qui fait qu'on classe les feuilles en deux

Ordre d'imposition in-8°.

formes, appelées *première* et *seconde,* ou *côté de 1* et *côté de 2*. Nous donnons ci-dessus l'imposition d'une feuille in-8°, composée de seize pages, huit d'un côté, huit de l'autre. Cet exemple suffira pour faire comprendre le principe.

On se rend facilement compte qu'à l'impression la 1 tombera sur la 2, la 15 sur la 16, etc.

Tout ceci étant réglé, — nous passons sur les opérations intermédiaires, telles que la correction et la revision des épreuves, — on livre les formes aux ouvriers imprimeurs. Nous renvoyons à la troisième partie de ce travail pour tout ce qui concerne les presses et les procédés d'impression typographique. C'est la seule branche de l'art que l'industrie moderne ait notablement modifiée et réellement perfectionnée.

II

LES ANCIENS IMPRIMEURS

On demeure étonné en présence des inventions et des perfectionnements modernes, lorsqu'on songe qu'avec des presses de bois, des procédés chimiques très imparfaits, et des balles de cuir pour distribuer l'encre, les anciens ont réalisé ces chefs-d'œuvre exquis qui font l'admiration des siècles et le désespoir des imprimeurs d'aujourd'hui. L'impression était autrefois plus longue et plus coûteuse sans nul doute ; mais l'attention scrupuleuse, la sollicitude paternelle des vieux typographes pour les ouvrages sortis de leurs ateliers, compensaient largement l'imperfection de leur matériel. Parmi les grands hommes qui seront éternellement la gloire de leur art et de leur nation, il n'en est pas de plus célèbres que les Alde Manuce, les Estienne et les Elzevier. Ils furent non seulement d'éminents artistes, mais encore des savants illustres et des hommes de bien. Liés avec une société d'élite, protégés par les souverains de tous pays, ils furent réellement rois, et fondèrent de véritables dynasties.

Les Alde Manuce régnèrent pendant cent ans à Venise; Venise alors la grande cité, la reine du commerce, le foyer de civilisation et de lumière; Venise, république indépendante et fière, riche et libre, qui régnait sur l'Italie par son opulence intelligente, sur les mers par ses flottes superbes et vaillantes, par ses corsaires rapides comme l'aigle et forts comme le lion. Manuce l'Ancien, le chef de la famille (Aldo Pio Manuzio) était un docte professeur de princes, un amant éclairé de la belle littérature de l'antiquité. Précepteur du prince Alberto Pio de Carpi, ami et compagnon d'études du jeune prince Pic de la Mirandole, de ce prodige d'érudition qui soutint la fameuse thèse *de omni re scibili et quibusdam aliis,* il ne se fit imprimeur que dans le but unique de répandre et de faire aimer ses auteurs favoris.

Sa patrie était Bassiano, dans les États du pape; mais il considéra Venise, le centre du commerce et la véritable cité reine de l'Italie, comme un lieu plus favorable pour l'établissement qu'il méditait. Comme il n'était pas riche, le prince de Carpi et Pic de la Mirandole lui avancèrent libéralement les premiers fonds. Dès 1492, Aldo était fixé à Venise, mais un atelier d'imprimeur n'était pas facile à monter; celui de Mapas découvert. Vers le commencement de ce siècle, on reprocha quelque chose d'analogue à Paul-Louis Courier, le pamphlétaire-vigneron. Paul-Louis, comme on sait, fut un helléniste passionné. Il découvrit dans la bibliothèque du Vatican un passage que l'on croyait perdu, du roman grec de *Daphnis et Chloé;* il le traduisit avec soin; mais quand il rendit le manuscrit précieux dont il avait savouré la primeur, le passage exploré se trouva couvert d'une immense nappe d'encre; on accusa, non sans raison, le jaloux helléniste d'avoir volontairement monopolisé la découverte à son profit. Courier se justifia tant bien que mal. Mais on ne peut nier que le précédent établi par le délit avéré d'Alcyoneo ne donnât quelque poids aux accusations formulées contre le bilieux pamphlétaire.

A côté d'Alcyoneo brillait, par] une singularité plus forte, Andrea Navajero, qui, chaque année, brûlait en l'honneur de Catulle un exemplaire de Martial; puis c'étaient: Battista Egnazio; le moine Bolzani, qui, le premier, exposa en langue vulgaire, c'est-à-dire en latin, les principes de la grammaire grecque; Alcandro, qui devint cardinal; Démétrius Chalcondyle, à qui l'on est redevable de la première édition d'Homère; cette première édition, en deux parties in-folio, publiée à Florence en 1488 aux frais des frères Bernard et Nerius Nerli, aurait été, selon M. Didot, imprimée par Démétrius de Crète.

Les ateliers d'Aldo Manuzio étaient le rendez-vous

formats primitifs seuls connus de Gutenberg, étaient évidemment peu commodes; il publia une collection in-octavo des classiques latins. Les poèmes de Virgile ouvrirent la série. Manuce suivit le texte d'un manuscrit copié tout entier de la main même de Pétrarque. Il eut la pensée de rendre hommage à l'auteur des *Canzone* en imitant son écriture cursive et penchée, qu'il fit dessiner et graver par le célèbre François de Bologne. Ces nouveaux types, longtemps connus sous le nom de *caractères aldins,* sont encore en usage aujourd'hui sous le nom d'*italique*. Ils étaient d'une netteté si charmante et si douce à l'œil, que les exagérations contemporaines voulaient qu'ils fussent gravés sur argent. Simon de Colines, habile imprimeur de Paris, et successeur d'Henri Estienne dont il avait épousé la veuve, les introduisit en France dans les premières années du seizième siècle.

Si modeste qu'il ne se fiait pas à ses propres lumières, cependant éprouvées, d'ailleurs surchargé de besogne et en proie à des inquiétudes d'argent, Aldo se faisait aider dans ses travaux par des savants illustres et des notabilités de tout genre. C'est ce qu'on appela l'Académie Aldine. Les membres de cette société purement et noblement littéraire étaient remarquables à plus d'un titre. C'étaient Alcyoneo le rhéteur, qui, après avoir ajusté à ses ouvrages les plus beaux morceaux du traité inédit *de Gloriâ* de Cicéron, brûla le manuscrit original afin que son larcin ne fût pas découvert. Vers le commencement de ce siècle, on reprocha quelque chose d'analogue à Paul-Louis Courier, le pamphlétaire-vigneron. Paul-Louis, comme on sait, fut un helléniste passionné. Il découvrit dans la bibliothèque du Vatican un passage que l'on croyait perdu, du roman grec de *Daphnis et Chloé*; il le traduisit avec soin; mais quand il rendit le manuscrit précieux dont il avait savouré la primeur, le passage exploré se trouva couvert d'une immense nappe d'encre; on accusa, non sans raison, le jaloux helléniste d'avoir volontairement monopolisé la découverte à son profit. Courier se justifia tant bien que mal. Mais on ne peut nier que le précédent établi par le délit avéré d'Alcyoneo ne donnât quelque poids aux accusations formulées contre le bilieux pamphlétaire.

A côté d'Alcyoneo brillait, par] une singularité plus forte, Andrea Navajero, qui, chaque année, brûlait en l'honneur de Catulle un exemplaire de Martial; puis c'étaient: Battista Egnazio; le moine Bolzani, qui, le premier, exposa en langue vulgaire, c'est-à-dire en latin, les principes de la grammaire grecque; Alcandro, qui devint cardinal; Démétrius Chalcondyle, à qui l'on est redevable de la première édition d'Homère; cette première édition, en deux parties in-folio, publiée à Florence en 1488 aux frais des frères Bernard et Nerius Nerli, aurait été, selon M. Didot, imprimée par Démétrius de Crète.

Les ateliers d'Aldo Manuzio étaient le rendez-vous

de ce qu'il y avait de noble, de lettré, d'intelligent ou d'illustre à Venise ; c'était le bon ton parmi les jeunes désœuvrés d'aller s'y coudoyer avec les vieillards à barbe grise. Il fallait voir comment les recevait Aldo. Une farouche inscription, placée au-dessus de la porte principale, les avertissait de ne pas dire une parole inutile [1] ; et le maître du logis leur tournait le dos sans façon dès qu'ils voulaient lui débiter les importantes niaiseries à la mode.

Un jour, Pierre Bembo, le cardinal-poète, un des familiers de la maison, entra mystérieusement dans le cabinet d'Aldo ; il était accompagné d'une femme à la taille imposante, au regard froid et clair, à la chevelure blonde, longue à lui servir de manteau.

« Seigneur Aldo, dit-elle, je n'ai pas voulu passer à Venise sans voir l'un de ses plus grands hommes. Votre imprimerie vous coûte plus qu'elle ne rend, m'a-t-on dit ; permettez-moi de m'associer à votre noble entreprise, et de vous aider de mes deniers, de ma protection au besoin. » Aldo accepta avec empressement ces offres brillantes, et partout il célébra les vertus immaculées de sa patronne inattendue. Cette femme c'était dona Lucrezia Borgia.

Quelque temps après, le typographe reçut une nouvelle visite presque aussi singulière. Un vieillard

---

1.   Amice quisquis huc venis,
    Aut agito paucis, aut abi,
    Aut me laborantem adjuva.

inconnu, au masque railleur et sarcastique, au regard vif et furetant, demanda la faveur d'être introduit près de Manuzio. Celui-ci, fort occupé, laissa faire longtemps antichambre au nouveau venu. Enfin, il le fit appeler. C'était Érasme, le Voltaire hollandais, qui venait contempler Aldo sur le théâtre de sa gloire, et le remercier de sa belle édition de l'*Éloge de la Folie*. Aldo s'excusa de son mieux, reçut Érasme à sa table et l'hébergea pendant huit jours. Mais jamais natures plus dissemblables ne s'étaient trouvées en contact ; aussi, lorsqu'ils se quittèrent, Érasme et Manuzio étaient brouillés à mort.

Manuzio, souvent gêné dans ses desseins par le manque d'argent, avait épousé, en 1500, la fille d'Andrea Toresano d'Asola, aussi imprimeur et de plus fort riche. Andrea vint souvent au secours de son gendre ; l'établissement de celui-ci prospérait enfin, quand la guerre éclata sur Venise. L'empereur Maximilien entra en armes sur le territoire de la république pour se venger du traité d'alliance conclu par les Vénitiens avec le roi Louis XII. Toutes les propriétés de Manuzio furent pillées et dévastées. Venise offrit une grosse somme à l'empereur ; Maximilien faisait la guerre en vrai soudard, il accepta joyeusement et se retira de même. Mais alors ce fut bien une autre affaire : les Français, qui convoitaient les possessions vénitiennes, cherchèrent querelle au sénat ; ils prétendirent qu'un accommodement n'avait pu être valablement conclu avec l'empereur sans l'assentiment de Louis XII, et ils déclarèrent la guerre à leur tour. Aldo subit pendant quelques années d'étranges vicissitudes ; un jour, quittant Milan, il tomba aux mains d'une troupe de soldats vénitiens, qui le prirent pour un espion ; on l'emmena à Caneto, où le peuple lui eût fait un mauvais parti, sans l'intervention d'un sénateur nommé Joffredo Cacoli. Enfin la paix fut conclue ; Aldo s'empressa de rentrer à Venise, mais hélas ! plus pauvre encore qu'il n'en était sorti. Il s'associa avec Andrea d'Asola, en restant le chef suprême de l'établissement, qui se rouvrit enfin en 1512. Brisé par l'âge et les chagrins, il s'occupait avec ardeur de son art favori, et préparait une Bible polyglotte (hébreu, grec et latin), lorsque la mort le surprit en 1515. Il avait soixante-huit ans. La seule page de cette Bible qui ait jamais été exécutée se trouve dans un manuscrit de la Bibliothèque nationale à Paris, n° 3064.

Paul Manuzio et Manuzio le Jeune marchèrent sur les traces de leur père et de leur grand-père. En 1585, le dernier laissa son imprimerie à Nicolas Manassi, l'un de ses ouvriers.

La marque distinctive, nous dirions presque les armoiries de Manuzio, adoptées par lui à partir de 1502, sont une ancre autour de laquelle s'enroule un dauphin, la tête en bas, avec le mot ALDUS coupé en deux par la tige de l'ancre.

On voit que cette famille s'éteignit assez misérablement après une courte durée. Mais depuis quelque temps déjà un autre astre s'était levé à l'horizon et brillait du plus vif éclat : nous voulons parler de la dynastie des Estienne.

Issus d'une bonne famille bourgeoise de Paris, les Estienne exercèrent de 1503 à 1629, c'est-à-dire sous

Marque de Manuzio.

les règnes de Louis XII, François Ier, Henri II, François II, Charles IX, Henri III, Henri IV et Louis XIII. Ils firent faire peu de progrès à la typographie ; et leur renommée, légitime certainement, tient surtout à leurs grandes qualités personnelles et à leurs éditions d'une correction rare et soigneusement expurgées.

Henri Ier, le chef de la famille, naquit en 1470, devint imprimeur en 1500 et mourut le 24 juillet 1520 ;

il avait pour marque un écu chargé de trois fleurs de lis ; au-dessus de cet écu, une main sortant d'un nuage tient un livre fermé ; la devise est *Plus olei quam vini* (plus d'huile que de vin). Le premier, il avertit ses lecteurs des fautes d'impression, au moyen d'un *erratum* final. L'un des grands mérites d'Henri Ier, c'est d'avoir donné le jour à Robert, qui fut l'illustre de la famille.

Ce grand homme naquit en 1503, et ne devint imprimeur qu'après la mort de son frère François, qui exerça de 1520 à 1526. Robert débuta par les *Partitions oratoires* de Cicéron, qui portent la date du 7 *des kalendes de mars* 1527. Puis, d'année en année, il publia quelque belle édition classique, soigneusement revue par les savants qui fréquentaient sa maison. Son atelier était établi près de la rue Saint-Jacques ; il avait coutume, rapporte la tradition, d'afficher à sa porte les épreuves des livres en cours d'impression, et il offrait un écu d'or de récompense aux passants qui y découvriraient une faute. Sa scrupuleuse exactitude était si bien honorée que François Ier, lui rendant un jour visite, attendit, pour l'avertir de sa présence, qu'il eût achevé la correction d'une épreuve qu'il tenait en main.

C'était une vie toute de travail et de vertus intimes que celle de Robert Estienne. La science brillait même à son foyer domestique. Il avait épousé Pétronille ou Perrette Bade, fille de Josse Bade ou Badius.

Épouse et fille de savant, cette docte femme parlait purement et facilement le latin; elle en voulut inculquer elle-même les éléments à ses enfants et à ses

François Ier chez Robert Estienne.

domestiques, si bien que tout le monde dans la maison parlait la langue de Cicéron.

Comme les Manuce, Étienne était peu riche; cependant il eût mené jusqu'au bout une vie tranquille et même heureuse, s'il n'eût eu maille à partir avec la Sorbonne. On lui reprocha son édition de la Bible de 1532. On l'accusa de schisme et d'hétérodoxie. De telles accusations avaient un terrible caractère de gravité à cette époque, où les premières tentatives de la Réforme ébranlaient sourdement le monde chrétien.

Sans le ferme appui du roi François I*er*, Robert Estienne eût été forcé de quitter la France dès 1533. L'autorité du roi balançait à peine celle de la Sorbonne; Estienne dut se soumettre à certaines conditions imposées; il prit notamment l'obligation de ne rien imprimer sans le consentement exprès de l'autorité ecclésiastique. Il se rejeta dans les études purement littéraires, et composa son fameux *Thesaurus linguæ latinæ,* ouvrage excellent, immense, qui contient la substance de la meilleure latinité, et dont il perfectionna le texte dans plusieurs éditions successives.

Mais la question religieuse était pressante; chacun avait les yeux tournés vers la Réforme; Luther régnait en Allemagne, Zwingli venait d'être massacré à Zurich; l'Église catholique, attaquée par la force, se défendait par la force; personne ne restait indifférent ou neutre dans un pareil débat. Robert Estienne courut au-devant d'inévitables dangers en publiant sa nouvelle Bible de 1545. Le roi commençait à se refroidir. Ennemi personnel de la religion réformée, il avait des motifs tout particuliers d'être quelque peu fâché contre son imprimeur (Robert avait reçu, dès 1539, le titre d'imprimeur du roi pour le latin et l'hébreu). En effet, le roi de France ne pouvait oublier qu'en 1512 Zwingli accompagnait comme aumônier les vingt mille Suisses levés par le pape Jules II contre le roi Louis XII et que, en 1515, le même Zwingli assistait encore dans le camp de nos ennemis à la bataille de Marignan; lors de ses démêlés avec Charles-Quint, François Ier voulut obtenir l'alliance de la Confédération helvétique; une voix éloquente renversa ses projets : c'était celle de Zwingli. Le roi de France pouvait donc, sans injustice, s'offenser de la conduite d'Estienne; il lui garda longtemps rancune, jusqu'au jour où, sa clémence naturelle reprenant le dessus, il arrêta les poursuites.

A cette époque une épouvantable catastrophe vint jeter la douleur dans l'âme de Robert; son confrère, son ami Estienne Dolet fut, par arrêt de la Sorbonne, brûlé vif en place de Grève, le 3 août 1546.

Dolet, esprit inquiet, turbulent, vindicatif, incisif et imprudent au delà de toute imagination, s'était toute sa vie attiré de mauvaises affaires. A Toulouse, il avait traité les magistrats d'ignorants, de barbares et de cuistres, dans une discussion sur l'éducation universitaire; condamné à la prison, il redoubla ses injures et fut forcé de faire amende honorable dans les rues de Toulouse. A Lyon, il mit en avant des propositions luthériennes, qui compromirent encore sa liberté. Il eut une querelle, tua un homme, s'enfuit à Orléans, vint à Paris, se présenta hardiment à

François Ier qu'il charma, obtint sa grâce pleine et entière, et retourna à Lyon. Il y fonda une belle imprimerie d'où sont sortis quelques traités politiques de Claude Cottereau, et une belle édition de la *Pandore,* par Jean Olivier, évêque d'Angers. Il avait pour devise une main qui polit au moyen d'une doloire un

La doloire d'Estienne Dolet.

tronc noueux et informe, avec ces mots à l'entour : *Scabra et impolita adamussim dolo atque perpolio.* Dolet se fit mettre deux fois en prison. Le grand aumônier de France, Pierre Duchâtel, lui obtint des lettres de grâce ; mais la Sorbonne, constamment maltraitée dans les écrits de Dolet, obtint du Parlement qu'il ordonnât pour condition de l'entérinement que les livres de Dolet seraient brûlés par la main du bourreau. Dolet jeta les hauts cris, vomit des torrents d'invectives contre tout le monde, amis et ennemis, et finit par rester aux mains terribles de l'Inquisition. Il mourut avec un grand courage, et l'on fit courir dans Paris ce calembour latin à son éloge :

Dolet quisque dolet; non dolet ipse Dolet.
Chacun plaint Dolet ; seul Dolet ne se plaint pas.

Robert Estienne, qui avait réimprimé quelques-uns des ouvrages de Dolet, fut pris d'une légitime inquiétude ; l'air de France lui devenait dangereux. Une querelle théologique, que fit naître la mort de François Ier, arrivée le 31 mars 1547, faillit procurer à Robert le triste honneur d'être également brûlé à la requête de la Sorbonne. Pierre Duchâtel, évêque d'Orléans, grand aumônier de France, conseiller familier du feu roi, avait imprimé chez Robert une oraison funèbre de François Ier. L'orateur faisait entendre que l'illustre défunt s'en était allé tout droit de cette vie dans la gloire éternelle. — Hérétique ! cria la Sorbonne en colère, vous niez donc le purgatoire ? Une députation de docteurs fut envoyée au nouveau roi pour lui adresser des remontrances et appeler son attention sur cette grave affaire. « Les députés, dit un auteur, arrivèrent à Saint-Germain-en-Laye au milieu des intrigues et des agitations du nouveau règne. Ne sachant à qui s'adresser, ils tombèrent entre les mains d'un maître d'hôtel de Henri II ; c'était un espagnol appelé Mendoza, esprit libre et plaisant, qui les régala bien. Ils parlèrent à table du sujet qui les amenait. — Messieurs, leur dit Mendoza, on est un peu occupé ici. Le temps n'est pas propre pour agiter ces matières ; d'ailleurs, entre nous, j'ai fort connu le caractère du roi, il ne savait s'arrêter nulle part, il fallait toujours qu'il fût en mouvement ; je puis vous répondre que s'il a été en purgatoire, il n'aura fait qu'y passer, ou tout au plus goûter le vin en passant, vous ne l'y trouverez plus. » Les députés se retirèrent en fulminant contre l'impiété de la cour ; et Estienne, après avoir vainement lutté contre ses adversaires, finit par se retirer à Genève avec sa famille.

Son beau-frère, Conrad Badius [1], l'y avait précédé de trois ans.

Robert Estienne mourut le 7 septembre 1559, après avoir déshérité son fils puîné, Robert II, qui avait refusé d'abjurer le catholicisme.

A partir de Robert, la marque des Estienne est un olivier dont plusieurs branches rompues tombent à

---

[1]. Conrad, successeur de son père Josse Badius, fut un fougueux réformiste et un redoutable adversaire pour les ordres religieux. Il traduisit l'*Alcoran des cordeliers,* en un volume, et en ajouta un second avec ce titre singulier : *Recueil des plus notables bourdes et blasphèmes impudents de ceux qui ont osé comparer saint François à Jésus-Christ, tiré du grand livre des Conformités, jadis composé par frère Barthélemy de Pise, cordelier en son vivant; parti en deux livres. Nouvellement y a été ajoutée la figure d'un arbre, contenant par branches la conférence de saint François à Jésus-Christ, le tout nouveau, revu et corrigé.*

terre. Un grand vieillard essaye vainement d'atteindre aux fruits; une banderole, enroulée dans la partie droite de l'arbre, porte cette légende : NOLI ALTVM SAPERE. Henri II Estienne, sieur de Grières, l'illustre fils de Robert, conserva cette marque, mais en lui donnant une grandeur double; cette nouvelle

Marque de Robert Estienne.

vignette est une copie fort améliorée de la première; le vieillard est d'un dessin bien moins grossier, et les draperies ont quelque chose de la calme simplicité des attitudes grecques. Les ouvrages publiés par les Estienne comme imprimeurs du roi sont marqués d'une lance autour de laquelle s'entrelacent un serpent et une branche d'olivier. On lit au bas ce vers d'Homère :

Βασιλεῖ τ' ἀγαθῷ κρατερῷ τ' αἰχμητῇ
Au roi excellent et au vaillant soldat

Henri II Estienne fut le plus grand helléniste de

son siècle. Après une vie errante et vagabonde, il mourut fou au mois de mars 1597, âgé de soixante ans, à l'Hôtel-Dieu de Lyon.

Robert III, son neveu, fut imprimeur de Henri IV. Il mourut sans postérité en 1644. La dynastie fut continuée par Paul Estienne, premier fils de Henri II, né en 1566, imprimeur-libraire en 1599; il se retira à Genève en 1626 et y mourut l'année suivante. Le fils aîné de Paul, nommé Antoine Estienne, né à Genève en 1594, fut en 1614 imprimeur du roi et du clergé de France, et mourut en 1674 dans un hôpital de Paris. Henri IV Estienne, fils du précédent, né en 1621, imprimeur-libraire à Paris en 1646, mourut avant son père le 6 octobre 1661, *ebrietate,* dit le catalogue officiel de Lottin de Saint-Germain (Paris, 1789). Il fut le dernier imprimeur de ce nom célèbre; mais la famille subsistait encore en 1789, représentée par l'abbé Antoine Estienne, qui descendait au cinquième degré de Robert IV, deuxième fils de Henri III Estienne, troisième fils de Robert II.

Les premiers types dont se servirent les Estienne ne laissaient pas que d'être assez imparfaits; mais, en 1532, Robert en fit graver d'une forme plus élégante, qu'il employa pour la première fois dans sa belle Bible latine. Il tenait beaucoup à la beauté du dessin typique, et c'est à sa demande que François Ier fit fondre les beaux caractères grecs que possède encore l'Imprimerie nationale.

Le Nord eut aussi ses Aldes et ses Estiennes. Christophe Plantin leur est peut-être supérieur à certains égards. Né près de Tours en 1514 et d'abord relieur à Paris, Christophe apprit la typographie chez Robert Macé à Caen ; les disputes religieuses l'empêchèrent de se fixer en France ; il gagna Anvers, s'y établit, devint premier imprimeur du roi Philippe II, et, malgré la concurrence de Beller ou Bellier, dont la réputation était déjà faite, il amassa une fortune considérable, dont il fit le plus noble usage. Sa table était ouverte à tous les savants ; il les employait comme correcteurs et les rétribuait avec largesse. Philippe II lui accorda le titre d'*architypographe* du roi, et le chargea de donner une nouvelle édition de la Bible polyglotte d'Alcala en hébreu, chaldéen, grec et latin. Elle parut de 1569 à 1573, en huit volumes grand in-folio. La Bibliothèque nationale de Paris en possède un magnifique exemplaire sur grand papier (vitrine VI, n° 198). « En ajoutant, dit Raphelenge, à sa réputation, ce chef-d'œuvre le ruina presque, à cause de l'excessive rigueur que mirent les ministres espagnols à poursuivre le remboursement des sommes que lui avait prêtées le trésor royal. » Sa marque typographique est une main qui tient un compas ouvert, autour duquel on lit ces mots : *Labore et constantiâ*.

L'atelier, les presses, le matériel d'impression, tels qu'ils ont été délaissés par les Moretus, successeurs, de Christophe Plantin, forment aujourd'hui de sa maison, située place du Vendredi, l'une des curiosités les plus célèbres de la ville d'Anvers. La cour en est ornée des bustes de Juste Lipse et des autres savants qui soutinrent l'honneur de cette illustre imprimerie.

Le grand mérite des Elzevier ou Elzevir, qui ne fournissent aucun détail intéressant à la biographie, est d'avoir employé de beaux types, admirablement gravés, et d'avoir donné des éditions de petit format, d'une irréprochable pureté d'aspect. Malheureusement leurs livres sont peu corrects; la science faisait défaut aux Elzevier, qui n'étaient que des marchands, âpres au gain, avides et ennemis des lettres. Ils ont exercé, de 1592 à 1692, à Leyde, La Haye, Utrecht et Amsterdam. Louis Elzevier est le premier imprimeur qui ait distingué le *v* consonne de l'*u* voyelle; Lazare Zetner, imprimeur à Strasbourg, avait introduit, dès 1619, l'U rond et le J consonne à queue dans les lettres capitales. La marque des Elzevier est une aigle éployée tenant la foudre au bec, avec cette devise : *Concordiâ res parvæ crescunt.*

On peut nommer sans crainte, auprès de ces illustres imprimeurs :

Jacques Bellaert, qui imprima le premier livre paru à Haarlem, avec la date, le nom de l'imprimeur et de la ville;

Laurent-François Alopa, imprimeur vénitien, grand latiniste et plus grand helléniste;

Erhard Ratdolt, qui naquit à Augsbourg, s'établit à Venise, et introduisit l'usage d'imprimer des figures sur bois dans le corps même de l'ouvrage ;

Jean Augereau, imprimeur à Paris (1533), un des premiers imprimeurs français qui abandonnèrent le caractère gothique pour le romain.

Jean Barbou, imprimeur à Paris, auteur de l'édition *princeps* de Marot, in-octavo, 1539, corrigée par l'auteur, et portant pour épigraphe : *Mort n'y mord ;*

Daniel Bomberg, né à Anvers et établi à Venise ; célèbre par ses impressions hébraïques. Il imprima trois fois le Talmud, en onze volumes in-folio, entreprise qui lui coûta trois cent mille écus. Il était si passionné pour la langue hébraïque, et il voulait donner tant de perfection à ses éditions, qu'il entretenait et payait libéralement un grand nombre de juifs qu'il faisait travailler à fixer les contestations sur les points-voyelles. Ces frais allèrent si loin qu'il se ruina ;

Nicolas Vivenay, imprimeur à l'hôtel de Condé, à Paris, qui fut condamné aux galères pour avoir vendu des mazarinades ;

Louis Billaine, qui donna la première édition du *Glossaire* de Ducange ;

Sébastien Cramoisy, l'un des plus célèbres typographes du dix-septième siècle. Sa probité et ses talents firent pleuvoir sur lui les dignités et les récompenses. Il fut échevin ; il eut la première place de juridiction consulaire, l'administration des hôpitaux, et fut nommé directeur de l'Imprimerie royale, établie au Louvre par le cardinal de Richelieu.

Il faut convenir que les illustres typographes dont nous avons esquissé la vie furent bien secondés dans leur œuvre par les artistes contemporains Notre aperçu sur l'art typographique des seizième et dix-septième siècles serait incomplet si nous ne nous occupions maintenant des graveurs.

Geoffroy Tory, né à Bourges, est le plus anciennement connu de ces excellents artistes à qui la typographie dut sa première splendeur [1]. Il avait étudié l'antique à Rome, et fit de longs travaux sur l'alphabet. Dans un ouvrage in-folio, aussi rare que curieux, intitulé *Champ-Fleury,* il établit des proportions entre l'alphabet latin et le corps humain. Il avance que les lettres latines dérivent du nom de la déesse Io, ce qu'il prouve en montrant qu'elles sont toutes formées d'une ligne droite et d'un cercle, I, O. En les divisant en dix lignes, il trouve des rapports entre ces lignes et le nom d'Apollon et des neuf muses; ou bien encore avec les sept arts libéraux, la grammaire, la métaphysique et la dialectique; après avoir construit des lettres qui sont des hommes, il dessine des hommes

---

[1]. Geoffroy Tory a trouvé son historien dans ces dernières années. On me permettra de revendiquer la priorité de mes études : car il y a quarante ans que, le premier, je tirai de la poussière ce nom d'artiste redevenu célèbre aujourd'hui.

Alphabet de Geoffroy Tory.

qui sont des lettres, et chez lesquels se retrouvent
toujours Apollon, les muses, les sciences et les arts
libéraux. Il reconstitue l'alphabet dans les muscles, et
les muscles dans l'alphabet ; puis, par un jeu de fantaisie qui touche peut-être profondément à la réalité,
il établit des rapports entre la forme des lettres et les
genres d'architecture ; il bâtit des lettres qui sont des
maisons ; il écrit des maisons qui sont des lettres et
qu'habitent tout naturellement les sept arts libéraux,
les sciences, Apollon et les muses ; puis ces maisons
se trouvent faites de corps humains, les escaliers
sont des S, les murs sont des I ; tout à coup ces I deviennent des membres, les S des fausses côtes ; et le
tout se transforme finalement en un flageolet inventé
par ledit Apollon, et dans les sept trous duquel Tory
loge un art libéral ; en somme, Apollon finit par jouer
de ce flageolet, qui est un homme ou un I, ou l'arbre
de la science, comme il vous plaira. L'ouvrage est
accompagné de planches représentant les alphabets
quadraux (anciennes capitales) ; des lettres de formes
bâtarde, tourneuse ; alphabet des langues persienne,
arabique, africaine, turque, tartarienne, chaldaïque,
fantastique et utopique ; l'alphabet des lettres fleuries, et enfin des modèles de chiffres et lettres entrelacées. Inutile de dire que le plus fantastique de tout
cela, c'est l'alphabet africain, complètement inventé
par le graveur. Il termine son livre par cette exclamation naïve : « Je suis sûr d'avoir des gloseurs et

des mordants; mais je ne les estime pas la valeur d'un poil. »

En 1509 Tory devint correcteur dans l'atelier d'Henri Estienne; il appliqua sa science à perfectionner les caractères de Josse Badius, le beau-père de son patron. Dès 1516, il obtint un privilège pour l'impression d'*Heures* à l'usage de Rome et de Paris, décorées de lettres fleuries, d'estampes et d'arabesques de son invention, qu'il exécutait lui-même avec beaucoup de goût. Il était à la fois graveur, fondeur de caractères et libraire, et avait pris pour enseigne un vase antique percé d'un foret et placé sur un livre clos par trois chaînes et cadenas, avec les mots : *Non plus.* La fêlure de ce vase l'a fait nommer par les amateurs d'estampes *le maître au pot cassé.* Il n'a pas gravé lui-même toutes les estampes dont ses livres sont ornés; beaucoup d'entre elles portent la croix de Lorraine, marque de Pierre Woeiriot, le premier graveur sur cuivre qu'ait possédé la France [1].

C'est à l'école du bon vieux Geoffroy Tory que se forma Claude Garamond, le plus célèbre des graveurs en caractères. C'est lui qui grava et fondit, sous les yeux de son maître, les caractères romains nécessaires pour l'impression du *Champ-Fleury;* c'est à lui

---

1. C'est à Pierre Woeiriot que sont dues les jolies estampes sur cuivre qui ornent plusieurs livres de Simon de Colines et des Estienne.

que François Ier confia la gravure des types grecs dont il a été question, d'après les dessins d'Ange Vergen de Candie, son écrivain royal.

Conrad Neobar, patenté dès 1538 pour l'impression royale des livres grecs, fit usage des premières fontes de ces caractères dans ses éditions d'Aristote et de Philon; Eusèbe fut ensuite publié par Robert Estienne avec les mêmes types. Le trait vif et net de ces caractères n'a jamais été surpassé. Robert, retiré à Genève en 1552, en avait emporté les poinçons avec lui. Ils furent réclamés en 1616 à la république de Genève, qui les rendit à la France; oubliés ensuite dans les bureaux de la Chambre des comptes, ils restèrent longtemps sans emploi; enfin en 1791, M. Dubon-Lavesne les remit en usage pour une édition des œuvres de Xénophon entreprise par l'Imprimerie royale.

On ne peut faire un plus grand éloge des types romains de Garamond qu'en les comparant à ses caractères grecs; les fameux caractères des Elzevier provenaient des poinçons de Garamond. Cet illustre artiste mourut en 1561.

Guillaume Lebé, célèbre aussi par ses beaux caractères orientaux faits pour Robert Estienne, et par la fonte des types nécessaires à l'impression de la grande Bible de Plantin, fut chargé de procéder à l'inventaire de la superbe fonderie de Claude Garamond; il acheta la plus grande partie des poinçons et des matrices et les réunit à son fonds propre, ce qui composa le plus riche dépôt qui existât alors en Europe. Il mourut en 1598. Son fils et son petit-fils continuèrent la maison jusqu'en 1685 ; la veuve de ce dernier (appelé Guillaume, comme son père et son aïeul) et ses quatre filles, excellentes artistes fondeuses, confièrent la direction de la maison à Jean-Claude Fournier, qui, en 1730, devint propriétaire du fonds. Le troisième fils de J. C. Fournier fut Pierre-Simon, l'auteur du *Manuel,* l'une des célébrités de l'art typographique.

Pierre-Simon Fournier grava sur acier de grosses et moyennes lettres de fonte (c'est ainsi qu'on appelle en typographie d'énormes caractères d'affiches de 2 à 5 pouces de grosseur). Le nombre des caractères gravés par P. S. Fournier est très considérable.

A cette même époque, l'art typographique acquit une nouvelle splendeur en Angleterre, grâce à Baskerville, et en Espagne, grâce à Harra. Celui-ci introduisit le premier le satinage du papier.

III

L'IMPRESSION. — PRESSES ET MACHINES.

Nous n'avons pas encore dit un seul mot de la presse, l'instrument typographique qui a subi les transformations les plus complètes depuis son origine. Rien n'était si simple que la première presse : c'était un pressoir à vin, légèrement modifié, que construisit, sur les indications de Gutenberg, le tourneur Conrad Saspach. Voici comment la pression s'opérait avec cet instrument : une planche ou plateau, fixé à l'extrémité inférieure d'une grosse vis en bois, descendait, avec une force plus ou moins grande, sur un plateau inférieur et immobile. Outre sa grossièreté générale, cette presse dut présenter à l'origine une grande difficulté de manœuvre. On ne plaçait qu'avec une peine et des précautions infinies la forme sur le plateau ; le papier risquait de se chiffonner ou de se maculer entre ces deux planches : il fallut donc mobiliser le plateau inférieur; ce qu'on obtint en le plaçant sur une double coulisse, le long de laquelle il glissait à volonté, au moyen d'une corde enroulée autour d'un cylindre que terminait une manivelle ; ce qui amena l'expression de *presse roulante*. Bientôt le manche passé dans le trou de la vis pour la faire tourner fut remplacé par une longue poignée à demeure, qu'on appela *barreau*. Mais cette pression directe était fort inégale et n'agissait efficacement que sur une surface restreinte; il fallait avancer peu à peu le plateau inférieur et donner deux ou trois coups de barreau pour une seule épreuve. Cependant, chose presque incroyable, c'est au moyen de cette machine informe qu'ont été obtenus tous les chefs-d'œuvre de la typographie ancienne, nous ajouterions presque : et moderne ; car on n'a sérieusement modifié la presse que vers la fin du dix-huitième siècle, et il n'y a pas longtemps que nos imprimeries parisiennes offraient encore aux regards des curieux quelque vieille presse du seizième siècle, reléguée dans un coin, ou même servant encore à faire des épreuves pour la correction en *première*. On ne se figure pas les affreux craquements qui résultaient de l'emploi de ces machines de bois; c'était un bruit déchirant, et la locution *faire gémir la presse*, qui n'a plus de sens aujourd'hui, était autrefois de la plus rigoureuse exactitude.

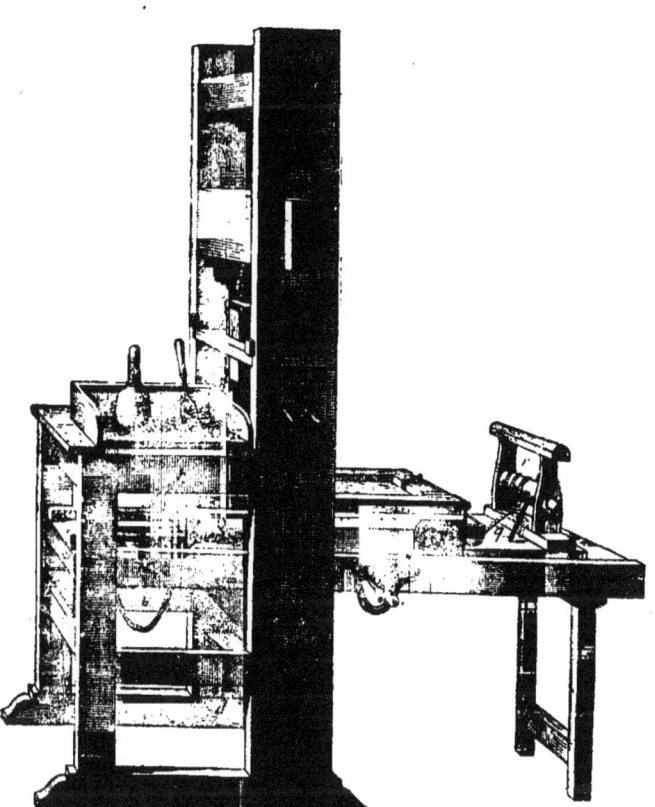

Vue perspective d'une ancienne presse en bois, montrant les balles et l'encrier.

L'invention de la presse *à un coup*, c'est-à-dire imprimant la surface entière d'une feuille de papier par un seul coup de barreau, revient à François-Ambroise Didot, petit-fils de Denys Didot, marchand bourgeois de Paris, et fils de François Didot, qui, d'abord libraire, s'était établi imprimeur le 30 janvier 1754, et céda son imprimerie à François-Ambroise, le 1ᵉʳ juillet 1757. Celui-ci, communément appelé Didot l'aîné, porta au plus haut degré la renommée de cette illustre dynastie des Didot, qui occupe encore aujourd'hui une si large place dans l'histoire de la librairie, de l'imprimerie et de la fonderie des caractères. François-Ambroise Didot fut choisi par brevet, le 1ᵉʳ avril 1783, pour faire les éditions des ouvrages destinés à l'éducation du Dauphin, et, en 1788, nommé imprimeur adjoint du clergé de France. Sa maison était établie rue Saint-André des Arts, à Paris.

Anisson Duperron, directeur de l'Imprimerie royale, lui disputa vainement l'invention de la presse à un coup. Les dates tranchent la question. C'est seulement en 1783 qu'Anisson Duperron parla de son invention à l'Académie des sciences, et voici ce qu'on lit, dès 1777, à la page xc de *Daphnis et Chloé*, édition grecque et latine donnée par Dansse de Villoyson : « C'est avec autant de sagacité que d'utilité réelle pour l'avancement de son art que Didot l'aîné a imaginé et fait exécuter heureusement, mais à grands frais, une presse d'imprimerie d'une construction nouvelle, à laquelle il a su donner assez de force pour que les ouvriers puissent fouler également et d'un seul coup la feuille de papier dans toute son étendue. »

Toutes ces presses, même celles de Didot l'aîné, étaient en bois, comme la presse primitive de Gutenberg.

C'est vers 1798 que se sont définitivement introduites les presses en fer. Outre la légèreté, l'élégance, la promptitude de maniement, elles offrirent de plus sérieux avantages. Les ressorts, diversement agencés selon les différents systèmes, étendirent au loin l'action de la vis de pression, et imprimèrent les plus grands formats d'un coup de barreau. De plus, des vis secondaires, bien combinées, permirent de donner plus ou moins de *foulage* selon la nature du travail, et un point d'arrêt mécanique, sensible pour la main la moins exercée, avertissait l'ouvrier qu'il avait atteint la limite normale de pression. Le barreau, au lieu d'être emmanché directement, fut rattaché à la machine par un coude oblique en fer forgé, qui forma ressort et l'empêcha de se lancer à l'improviste au nez de l'ouvrier, comme cela arrivait vingt fois par jour avec les anciennes presses. Lord Stanhope, pair d'Angleterre, né en 1753, mort en 1816, contribua beaucoup à ces perfectionnements; il existe encore des presses à la Stanhope.

Vers le commencement du présent siècle, le bruit se répandit en France qu'un Américain, nommé Kinsley, venait d'inventer une presse au moyen de laquelle l'encre était portée sur la forme et le papier étendu avec une si grande promptitude qu'un seul ouvrier

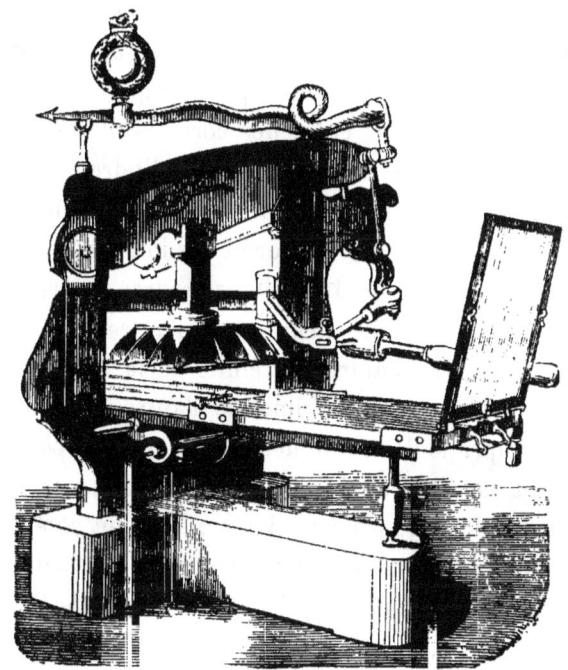

Presse à la Stanhope.

suffisait pour l'impression de deux mille feuilles par heure. Mais les esprits étaient si peu sur la voie que le savant bibliographe Peignot ne craignit pas d'affirmer « qu'on devait regarder cette découverte comme une fable ».

Ce ne fut que de 1816 à 1825 que parurent les premières presses mécaniques. Elles se composèrent, en principe, en ce temps-là comme à l'heure présente, d'une table mobile qui supporte les formes de caractères, et dont toute la surface est successivement soumise à la pression d'un grand cylindre creux et tournant sur un axe. Un ouvrier passe rapidement la feuille de papier blanc entre des cordons plats, disposés à cet effet à la surface du cylindre ; cette feuille, immédiatement entraînée par le mouvement de rotation, arrive sur la forme, s'imprime d'un côté, se retourne sur de petits cylindres intermédiaires, se glisse d'elle-même sur un autre gros cylindre, passe sur l'autre extrémité de la table ou *marbre* mobile, et s'imprime de l'autre côté. La feuille s'imprime donc complètement d'un seul coup, le travail ne s'arrête pas un instant. La presse à bras, au contraire, ne saurait imprimer qu'un côté de la feuille à la fois, et doit interrompre son action pour quelques secondes après chaque coup de barreau.

Depuis Gutenberg jusqu'aux premières années du dix-neuvième siècle, l'application de l'encre d'imprimerie à la surface des caractères de plomb se faisait au moyen de *balles* qui n'étaient pas sans analogie avec le *frotton* des cartiers, malgré la différence de dimension et d'emploi.

Chaque presse à bras était manœuvrée par un

ouvrier pressier et son « compagnon ». L'ouvrier pressier était chargé spécialement de la *mise en train* et du *tirage* proprement dit, comprenant la manœuvre entière, qui consistait : 1° à placer la feuille de papier blanc à l'intérieur d'un cadre mobile où elle se fixait sur de petites saillies de fer nommées *pointures;* 2° à abaisser sur cette feuille un encadrement à claire-voie, nommé *frisquette,* qui l'empêchait de tomber

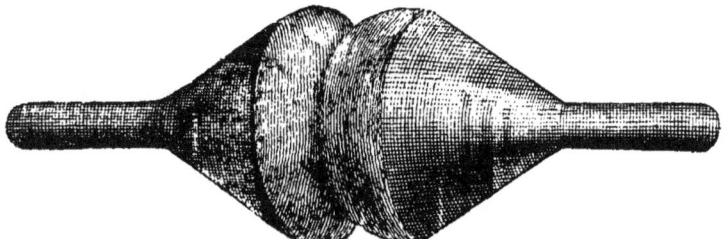

Les deux balles.

en avant et de se salir ; 3° à abaisser le tout sur la forme préalablement encrée ; 4° à tourner de la main gauche une manivelle qui faisait avancer le *marbre* soutenant la forme, la feuille et le châssis sous la *platine* de la presse ; 5° à ramener d'un coup de force le barreau emmanché dans la vis, de manière à faire descendre la *platine* sur la forme et à opérer la pression ; 6° à faire la manœuvre contraire, c'est-à-dire à ramener le *marbre* en arrière, à relever le châssis, puis la *frisquette,* et à dégager la feuille imprimée, enfin à l'étendre sur une table de bois placée à sa droite.

Le compagnon était investi d'une besogne plus simple en apparence, mais fort délicate. Il avait devant lui, à gauche de la presse et formant pendant à la table d'étendage, une table à encre, munie en tête d'un rouleau de bois mobile sur son axe par une courte manivelle et fortement serré contre un rebord en saillie. Ce rouleau, chargé d'encre d'imprimerie au moyen d'une sorte de cuiller de bois en forme de palette, constituait l'*encrier*. En le faisant tourner avec la manivelle, il s'enduisait d'une couche d'encre qui s'égalisait approximativement par la pression contre le rebord. Le compagnon empoignait alors deux *balles*, une dans chaque main, les chargeait de leur provision d'encre par un contact rapide avec le rouleau de l'encrier, puis les frottait l'une contre l'autre pour obtenir une exacte distribution d'encre à leur double surface. Alors commençait un exercice singulier : le compagnon tamponnait la forme à deux mains jusqu'à ce qu'il eût, à son estime, *touché* d'une manière parfaitement égale chaque page, chaque ligne, chaque lettre. Il gagnait à cette série de mouvements rapides, exécutés avec une célérité et une sûreté incroyables, le sobriquet de *singe*, tandis que l'ouvrier pressier, se dandinant sur place de sa presse à sa table d'étendage, voyait ses balancements perpétuels comparés à ceux de l'*ours*.

L'encrage par les balles, essentiellement manuel, qui exigeait une expérience et un tact tout particuliers, était évidemment inapplicable au travail mécanique.

Trouver un procédé automatique pour l'encrage régulier des formes, tel était le véritable problème de la presse mécanique. Voici comment on le résolut. De longs rouleaux, d'une matière résistante mais élastique (mélasse et colle forte fondues ensemble et solidifiées dans des moules), furent juxtaposés entre des saillies métalliques, où ils peuvent tourner en liberté au moindre frottement. Le premier et le plus gros de ces rouleaux prend directement de l'encre à l'encrier-réservoir, placé à chaque extrémité de la machine et tournant lentement au moyen d'une roue dentée, mue par un engrenage spécial. L'extrémité du *marbre* mobile se termine par une table de bois, sur laquelle les rouleaux étalent l'encre au passage et la *distribuent* avec égalité; puis la forme arrive à son tour et passe sous les rouleaux, dont elle reçoit la couche voulue.

La machine entière se meut par une série d'engrenages, commandés par une immense roue, nommée *volant*. Le volant fut originairement mis en rotation par une équipe de deux ou trois hommes, selon la force et les dimensions de la machine, appelés *tourneurs,* qui travaillaient nus jusqu'à la ceinture et projetaient autour d'eux une véritable pluie de sueur, bien qu'ils se relayassent individuellement de quart d'heure en quart d'heure. L'introduction de la machine à vapeur dans les imprimeries, lorsqu'elle se généralisa, mit un terme à ce répugnant spectacle, qui n'a cependant disparu des ateliers que depuis une trentaine d'années tout au plus.

Les presses mécaniques, successivement perfectionnées par une myriade d'inventeurs pendant le cours d'un demi-siècle, sont arrivées à des résultats prodigieux, non certes au point de vue de la perfection artistique du travail, mais au point de vue de la rapidité.

Vers 1845, on considérait comme très satisfaisant qu'une presse mécanique tirât douze ou quinze cents feuilles *à l'heure,* imprimées des deux côtés, c'est-à-dire deux mille quatre cents ou trois mille de tirage, opérés à grand'peine en vingt-quatre heures, c'est-à-dire en deux jours de travail, par une presse à bras. Les presses mécaniques dites *à réaction* doublèrent ces nombres. Dans les presses à réaction, la feuille imprimée d'un côté est transmise mécaniquement de cylindre à cylindre jusqu'à ce qu'elle ait reçu l'impression en *retiration,* c'est-à-dire des deux côtés. Deux feuilles se croisent au sommet de la machine et vont sortir chacune par un bout opposé. Ainsi, dans ce système, il y a de chaque côté deux *margeurs* employés à placer les feuilles blanches sur les *cordons* qui les guident sur les cylindres, et

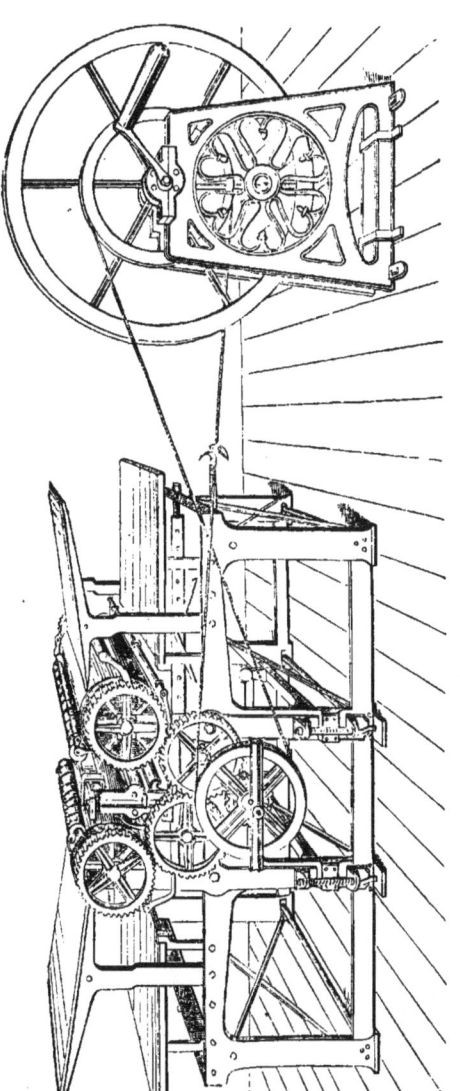
Presse mécanique tournée à bras (1840).

deux *receveurs* de feuilles tout imprimées, par conséquent un système d'encrage complet à chaque bout. On obtenait alors un tirage de six mille feuilles, représentant douze mille exemplaires de journal à l'heure, à raison de deux exemplaires de journal par feuille de papier.

On est allé plus loin; le remplacement des formes, composées de caractères mobiles par des *clichés* ou empreintes formées d'une seule lame de plomb, a conduit à une dernière création, celle des clichés demi-cylindriques qui se fixent directement sur les cylindres de pression; on emploie dans ce système le papier *sans fin,* qui se fabrique par bobines formant six à sept mille feuilles; on arrive ainsi à tirer jusqu'à vingt mille exemplaires à l'heure d'un journal de quatre pages à grand format ou quarante mille du format du *Petit Journal.* Les dernières machines, grâce à des appareils accessoires, ne se bornent pas à imprimer les journaux, elles les déposent à chacune de leurs extrémités tout découpés et symétriquement rangés en tas par centaines exactement comptées, qu'il suffit d'enlever à bras pour les porter directement aux ateliers de pliage. Ces machines perfectionnées n'emploient que trois servants, tandis que les doubles machines à réaction en exigent dix, à savoir : huit margeurs, un receveur et un coupeur.

L'industrie des machines typographiques a dû ses

progrès successifs, depuis cinquante ans, aux noms justement célèbres de MM. Gaveaux, Tonnelier, et, en dernier lieu, de M. Marinoni.

Il ne faut pas se dissimuler que ces procédés accélérés, si favorables à la diffusion de la presse périodique, présentent, avec tous leurs avantages, quelques-uns des inconvénients analogues à ceux des trains rapides sur les chemins de fer. Les machines les mieux pondérées et le plus doucement dirigées par le chef machiniste, appelé *conducteur,* ne rappellent que de bien loin les produits absolument parfaits des anciennes presses à bras. Le procédé même de l'encrage au rouleau, malgré la commodité de son emploi mécanique ou manuel, est loin d'assurer la régularité de l'encrage. Les *balles* se maniaient difficilement, il est vrai, et exigeaient une expérience consommée de la part du compagnon pressier. Cette exigence même faisait du compagnon pressier un véritable artiste, coloriste à la main. Le rouleau présente, au contraire, quelque soin qu'on apporte à sa fabrication, des inégalités, des dépressions et des cavités invisibles au toucher comme à la vue, et ne communique aux formes d'impression qu'un *encrage* inégal. Il n'est personne, si étranger qu'il soit à la typographie, qui ne remarque, parfois au premier coup d'œil, de sensibles différences de coloris sur les pages d'une même feuille imprimée, les unes d'un noir intense, les autres d'un gris pâle à peine lisible.

Aussi existait-t-il encore, il y a vingt ans, de vieux compagnons qui regrettaient les balles et regardaient les rouleaux comme une prime offerte à la gourmandise des apprentis. En effet, les tonneaux de mélasse destinés à la confection des rouleaux ne laissent pas que de subir parfois d'assez rudes atteintes, grâce à la convoitise de ces jeunes disciples de Gutenberg.

IV

LES CLICHÉS, LES LOGOTYPES, ETC.

Le travail de la presse détériore promptement les caractères d'imprimerie ; le mélange de plomb et d'antimoine qui les compose ne résiste guère au frottement ; il s'écrase, se pulvérise, et finit par donner au tirage ce qu'on appelle des *têtes de clous*. Il faut donc renouveler partiellement le matériel tout le long de l'année. On a dû longtemps chercher le moyen de compenser ou d'atténuer une perte si énorme. Ce but est en partie atteint par le stéréotypage, art par lequel on immobilise les types et l'on conserve les pages composées, passées à l'état de plaques métalliques.

Cette nouvelle branche de l'industrie typographique fut créée vers 1730 par un orfèvre d'Édimbourg, appelé William Ged, qui donna en 1744 une édition stéréotype de Salluste (Édimbourg, 1744, in-12 de 150 pages). Ses procédés, que nous décrirons plus bas, furent considérés comme imparfaits, et il mourut dans la misère, le 19 octobre 1749. Citons encore, parmi ceux qui ont fait des tentatives de ce genre, Michel Funickter, André Foulis de Glasgow et Daniel Saltzmann.

En 1786, Hoffmann avait imaginé de prendre l'empreinte des caractères avec une pâte composée de plâtre, de gomme et de fécule. Un alliage très fusible de bismuth était versé dans le moule ainsi obtenu, et reproduisait les pages en relief. On exécuta par ce procédé un ouvrage en trois volumes in-octavo, les *Recherches historiques sur les Maures,* de Chénier, le père des deux poètes André et Marie-Joseph.

A la même époque Joseph Carez, imprimeur à Toul, inventa le *clichage,* qui n'est autre chose qu'un procédé pour stéréotyper. Carez avait remarqué que son ami M. Thouvenin, antiquaire distingué, obtenait des empreintes de médailles au moyen d'un coup de marteau vivement appliqué sur une bille d'étain. L'imprimeur imagina de stéréotyper de la même manière ; il frappait un coup vif, au moyen d'un bloc de bois suspendu à une bascule ; ce bloc tombait sur le métal destiné à recevoir l'empreinte de la forme quand il était au point de fusion convenable. Il exécuta ainsi un livre d'église avec le plain-chant noté (2 vol. in-8°, Toul, 1786), et une Bible complète en un volume in-octavo. Cet inventeur, qui mourut en 1801 sous-

Machine rotative à grande vitesse

donnant les journaux tout pliés.

préfet de Toul, appelait cela les *homotypes*. Son procédé, d'une exécution difficile, ne fut pas adopté.

Firmin Didot imagina, en 1796, de durcir le métal des caractères et de les imprimer par pages, d'un coup de balancier, dans une plaque de plomb vierge, puis de fondre en relief dans le creux ainsi obtenu.

Ensuite vint Herhan, un ancien associé de Firmin Didot, qui imagina de composer les pages avec des matrices de cuivre en creux, et de couler directement le plomb sur la page ; cette méthode eut un certain succès. Il existe une collection d'ouvrages classiques, *stéréotypés d'après le procédé d'Herhan*. Elle porte pour marque les portraits de Gutenberg, Fust et Schœffer, de profil dans un médaillon. Les frais immenses qu'eût entraînés l'adoption générale des idées d'Herhan y firent complètement renoncer, et l'on revint purement et simplement à l'invention de William Ged, perfectionnée par lord Stanhope vers 1818. On moulait la page avec de la poudre d'albâtre, du plâtre ou du sable fin de rivière ; on faisait cuire ce moule au four ; on y coulait du métal en fusion, et l'on plongeait le tout dans une cuve d'eau froide. On obtient par ce procédé une plaque de métal, haute de trois lignes environ, qui peut se conserver indéfiniment sans entraver la circulation et le libre emploi du caractère mobile, auquel on épargne ainsi la fatigue et l'usure des longs tirages qui le détruisent si promptement. Quand les clichés sont trop fatigués, on les met à la fonte ; mais on ne perd qu'une partie de cette mince superficie de métal; c'est donc une économie considérable sur la matière première.

Tel est le procédé de clichage longtemps réservé pour les livres, auxquels on peut assurer de cette façon une très longue durée, sans avoir d'autres frais à faire que ceux du papier et du tirage pour chaque édition nouvelle.

Toutefois aujourd'hui on est parvenu à appliquer à la reproduction des livres aussi bien que des journaux des procédés plus nouveaux encore et moins coûteux. De 1848 à 1870, MM. Petin, Alexandre Curmer et Delamarre, l'ancien banquier, devenu propriétaire du journal *la Patrie,* imaginèrent de clicher les pages par un procédé tout à fait primitif, celui du clichage des médailles. On prenait l'empreinte de chaque forme sur des feuilles de carton au moyen d'un estampage à coups de brosse dure. Le moule en creux ainsi obtenu était assez résistant pour recevoir la coulée du plomb en fusion, qui reproduisait en relief et d'un seul morceau la page primitivement composée en caractères mobiles.

On a beaucoup perfectionné l'idée depuis M. Delamarre ; par exemple, on place la forme d'imprimerie sur une plaque chauffée, et l'on y coule une pâte liquide de papier et de blanc d'Espagne que la chaleur sèche presque instantanément. On obtient ainsi en quelques minutes, à la façon des gaufres, un moule appelé *empreinte* plus résistant que le moule de carton, qui était sujet à se charbonner et à se percer au contact du plomb en fusion.

Aujourd'hui on confectionne des clichés demi-cylindriques, à l'usage des presses rapides dont nous avons sommairement décrit le mécanisme.

V

MACHINES A COMPOSER.

Pierre Leroux, le célèbre fondateur du *Globe* et l'auteur du livre de l'*Humanité,* fut ouvrier compositeur, comme Franklin, Béranger, Hégésippe Moreau. Il inventa vers 1820 ce qu'il appelait pompeusement une nouvelle typographie; son projet consistait à fondre les lettres non plus une par une comme autrefois, mais par rayons entiers de cinquante, cent ou même cinq cents lettres, n'ayant que sept millimètres de hauteur; et à les faire ensuite composer par une machine, conséquence nécessaire, le caractère devenant trop petit pour être saisi par les doigts du compositeur. Pierre Leroux raconte lui-même, dans un mémoire spécial, qu'il réalisa autrefois un modèle de sa machine; mais des obstacles sans nombre, sa pauvreté surtout, s'opposèrent à ce qu'il réussît à l'appliquer en grand. Rien n'est plus touchant que le récit de ses luttes, de ses travaux incessants. Aidé seulement par son jeune frère, il se fit menuisier, serrurier, forgeron. A la mort de son père, il vendit son petit héritage pour continuer l'étude de son problème ; enfin il lui fallut renoncer, du moins pour un temps, à son œuvre, ou plutôt, comme il dit, l'arracher violemment de son cœur. Ajoutons, pour être juste, que son idée, loin d'être méconnue ou incomprise, avait été parfaitement accueillie par M. Firmin Didot, qui lui offrit les avances nécessaires. Mais Pierre Leroux, préoccupé d'idées plus politiques qu'industrielles, refusa péremptoirement ces offres.

Il devint vers 1845 imprimeur à Boussac (Creuse); trois ans plus tard, la révolution de 1848 l'envoya siéger comme représentant du peuple à la Constituante, et il ne fut plus question de ses inventions typographiques.

D'ailleurs, avant le temps même où Pierre Leroux rêvait la fonderie multiple, Henri Didot réalisait, dès 1818, la fonderie *polyamatype;* c'est la même idée appliquée aux caractères ordinaires.

Parmi les améliorations de détail, nous ne pouvons passer sous silence les caractères sténotypes de A. Pinard.

Sous le nom de *logotypes,* un ouvrier compositeur nommé Henry Johnson, en 1783, imagina de fondre, par le même procédé que les lettres isolées, les groupes de lettres les plus usités, tels que *le, la, les, qu, et,* etc. Cette invention simplifiait le nombre de mouvements à exécuter par le bras et la main du compositeur, puisqu'elle lui permettait de composer d'un seul coup un assez grand nombre de mots monosyllabiques et des finales très usitées, telles que *tion, ment,* etc. Ce système fut immédiatement adopté par un imprimeur appelé John Walter ; Henri Johnson et John Walter prirent en commun un brevet d'invention dès l'année 1783, pour l'exploitation des logotypes, lesquels furent employés pour la composition du journal créé, le 13 janvier 1785, sous le titre de *Daily universal Register,* devenu le *Times* en 1788.

Cependant, l'emploi des logotypes ne s'est pas maintenu ou du moins ne s'est pas généralisé ; s'il simplifiait d'un côté la besogne de l'ouvrier, il la compliquait de l'autre : car il fallait augmenter le nombre et la dimension des cassetins ou réservoirs particuliers de chaque espèce de type, par conséquent bouleverser l'arrangement déjà séculaire de la casse ou réservoir général. C'était une éducation totale à refaire, et les logotypes ne sont plus aujourd'hui connus que des spécialistes.

Plusieurs machines à composer ont été proposées à diverses époques ; entre autres le *gérotype,* inventé par M. Gaubert ; le clavier compositeur de MM. Young et Delcambre ; la machine suédoise de M. Lagerman, exposée à la galerie d'Orléans du Palais-Royal en mars 1885, etc.

La composition mécanique, quoique n'ayant pas atteint le degré de perfection du travail à la main et ne s'étant pas généralisée, n'est cependant pas une utopie. Le *Times* de Londres possède un certain nombre de machines en réserve pour composer ses énormes et microscopiques comptes rendus des séances du Parlement; elles économisent beaucoup de temps, chaque machine faisant la besogne de plusieurs compositeurs, et cependant leur emploi est plus coûteux que le travail manuel, à cause du prix élevé de leur fabrication.

VI

LES TYPES.

Jusqu'au dix-neuvième siècle, la typographie française n'employa pour l'impression courante que les deux seuls types *romain* et *italique,* gravés sur une échelle graduée; ils suffisaient à tout, texte, titres, affiches et couvertures. En trois cents ans le dessin n'en avait guère varié; c'était, sans trop de dégénérescence, ce beau type rond, net, plein sans être gras, svelte sans maigreur, qu'avaient employé les Estienne, les Alde Manuce, les Elzevier et les Baskerville.

Avec la Restauration commença une renaissance littéraire; les premières années du gouvernement de Juillet virent éclore les publications par livraisons [1],

---

[1]. Il est assez curieux que dès le seizième siècle un imprimeur ait eu l'idée de ce mode de publication démocratique. Peignot rapporte

le journal à bon marché et les annonces. De là les révolutions diverses qui amenèrent un renouvellement intégral des types jusqu'alors employés

Il est, je crois, assez piquant d'étudier ce côté pittoresque et assez inattendu du grand mouvement littéraire de ce siècle.

L'école littéraire qui, par Chateaubriand, Chénier, N. Lemercier, B. Constant, Mme de Staël, arrive à Casimir Delavigne, Alexandre Soumet, Émile et Antony Deschamps, Alfred de Vigny, Alexandre Dumas, Victor Hugo, fut constamment attaquée comme coupable de plusieurs crimes énormes : novation, orgueil, témérité, barbarie, vandalisme, impiété, rébellion, etc. C'était, tout au contraire, une école de retour vers le passé, une réaction qui essayait, au nom de la poésie, de la religion et de la royauté, de réparer les brèches faites par la littérature prosaïque, anarchique et impie du dix-huitième siècle. Elle défrichait et rafraîchissait, avec Marot, Ronsard, Remi Belleau, Théophile, Régnier, Rotrou et le vieux Corneille, le terrain desséché, brûlé par la chaux vive de Voltaire. Elle puisa en plein catholicisme, dans la chevalerie, dans l'art monarchique du moyen âge.

En conséquence, les caractères gothiques reparurent dans la typographie.

que Christophe Wechel n'imprimait les auteurs latins que par parties, afin, disait-il, d'en faciliter la vente.

Byron, le *Freyschütz* et les *Contes* d'Hoffmann conquirent à leur tour une immense popularité ; on traduisit le *Sabbat des sorcières* de Ludwig Tieck ; Charles Nodier personnifia le cauchemar sous le nom de Smarra ; Victor Hugo publia ses ballades, les *Deux Archers*, la *Nonne*, la *Ronde du Sabbat*. Dès que le genre fantastique eut acquis droit de cité, son humeur conquérante envahit toute la littérature ; la gravure inventa des types nouveaux, incongrus, cornus, fourchus, brisés, ombrés, écartelés, diaboliques, faits pour effrayer les enfants, mais surtout les bibliophiles ; en effet, rien de moins régulier, de moins satisfaisant comme lignes et comme aspect, rien de plus difficile ni de plus incommode au lecteur.

Jusque-là, les caractères destinés à l'impression des textes restaient intacts ; le caprice et la fantaisie ne s'installaient qu'à la partie la plus extérieure, la plus périssable du livre, les titres et la couverture. Les publications à bon marché et par souscription amenèrent des changements plus graves.

Avec le bon marché disparut l'ancienne perfection de la typographie ; les caractères devinrent allongés, gras et sales ; ils fatiguaient l'œil et faisaient danser les lignes et les pages. Pour obtenir plus promptement des feuilles sèches, on mêlait à l'encre une grande quantité d'huiles siccatives qui ne tardaient pas à jaunir et faisaient des taches dans les livres. On ne pouvait exiger de la presse mécanique des produits aussi parfaits que ceux de la presse à bras. Le *foulage* est trop dur et souvent inégal, les marges se dérangent à chaque instant, et le *registre* est imparfait (voyez ce mot au vocabulaire). Le livre s'enlaidissait chaque jour et menaçait de disparaître, tué par le journal.

Une réaction salutaire s'est manifestée quelques années après la chute du gouvernement de Juillet, et a déterminé la résurrection artistique de la typographie française. Le goût des amateurs s'est imposé à quelques libraires intelligents; le type du caractère allongé, qui fait entrer beaucoup de lettres dans une ligne et qui répondait industriellement aux besoins du bon marché, fut exclu des livres de choix par la renaissance du type rond, dit elzevier, qui rappelle le prototype romain créé en 1465 par Conrad Sweynheym et Arnold Pannartz.

Les livres modernes exécutés par les Didot, les Mame, les Claye, les Quantin, les Scheuring, les Chamerot, etc., ont renoué la chaîne des traditions.

VII

DES LIVRES EN GÉNÉRAL.

La quantité d'ouvrages imprimés depuis l'invention est telle que, selon les meilleures autorités, dix mille volumes in-folio suffiraient à peine au simple énoncé du titre de ces livres. Le savant Struve écrivait, il il y a cent cinquante ans, qu'il serait plus facile de transporter le mont Atlas que de faire une bibliographie universelle. Que dirait-il aujourd'hui?

La *Bibliothèque historique de la France,* édition de 1768-78, 5 volumes in-folio, présente dans ses quatre premiers volumes quarante-huit mille deux cent vingt-trois articles, et encore n'était-elle pas complète alors.

A l'imprimerie des Orphelins, fondée à Halle par le baron de Canstein pour l'Ecriture sainte spécialement, on a imprimé, dans l'espace de vingt-deux ans

(1710 à 1732), la quantité de trois cent vingt-sept mille exemplaires de la Bible, et deux cent soixante mille exemplaires du Nouveau Testament, le tout in-octavo et in-douze. Il existe dans le monde chrétien à peu près *vingt-cinq mille éditions* de la Bible, qui, tirées à cinq mille exemplaires en moyenne, donnent cent vingt-cinq millions d'exemplaires.

Les collections de Bibles ont été à la mode chez les bibliophiles allemands. La bibliothèque de Stuttgart renferme des trésors en ce genre. On remarque particulièrement deux Bibles manuscrites, ornées de dessins et de miniatures. L'une renferme cinq mille cent cinquante-deux tableaux, avec deux versets par tableau, l'un latin, l'autre français, tous deux décorés d'une capitale alternativement or et azur. En supposant que l'on pût aujourd'hui faire exécuter chaque tableau avec les deux versets pour 12 francs, le livre entier coûterait, avec le vélin, 62,000 francs. Le second manuscrit n'a que quatre sixièmes du nombre des tableaux, mais ce ne sont pas de simples lavis, ce sont de magnifiques peintures. Il a dû coûter 40,000 francs.

Quelle pourrait être la valeur vénale d'un livre tel que l'exemplaire des *Chroniques de France*, imprimé à Paris par Jehan Maurand et par Antoine Verard, 1493, 3 volumes in-folio sur vélin, orné de près de mille miniatures, sans compter les ornements variés, bordures et initiales en or et en couleur, exécuté pour le roi Charles VIII, et que la Bibliothèque nationale expose dans la vitrine XXVII, sous le n° 262 ?

Qu'il me suffise de dire qu'un exemplaire de la Bible des quarante-deux lignes imprimée par Gutenberg, s'il s'en présentait un exemplaire en vente publique, trouverait acheteur à 300,000 ou 400,000 francs.

Je ne pourrais donner une liste de livres rares ou précieux sans empiéter sur le domaine de la bibliographie proprement dite. Je citerai pourtant :

Anastasii Bibliothecarii Historia de Vitis Romanorum Pontificum a Petro apostolo usque ad Nicolaum I, nunquam hactenus typis excusa; deinde Vita Hadriani II et Stephani VI, auctore Gulielmo bibliothecario; ex bibliotheca Marci Velseri. Mayence, in-4°, 352 pages. On prétend qu'il n'existe que deux exemplaires de cet ouvrage.

Grammaire latine réduite en jeux de cartes ou de dés, par dom César Joseph Montpié de Négré, religieux de la Congrégation de Saint-Maur ; imprimé par Philippe Vincent.

Æschyli tragœdiæ sex. Glasguæ, 1795, in-folio avec figures de Flaxman. Il n'en a été tiré que cinquante-deux exemplaires, plus onze sur grand papier. Le prix de cet ouvrage s'est élevé, dans les ventes publiques d'Angleterre, depuis 200 jusqu'à 400 livres sterling (de 5,000 à 10,000 francs).

Le *Virgile* de Didot, 1798, un volume grand in-folio, avec des dessins de Gérard et de Girodet, se vendait 600 francs et 900 francs avant la lettre. Il ne contient aucune faute typographique, si ce n'est un *j* dont le point manque.

Diatribe de l'ingénieur Seid Moustapha sur l'état actuel de l'art militaire, du génie et des sciences. Constantinople ; imprimé dans la nouvelle typographie de Scutari, fondée par le sultan Sélim III ; 1803, in-8° de 64 pages. Cet ouvrage singulier fut composé en français par l'auteur, et annoté par le célèbre orientaliste Langlès. Seid Moustapha mourut victime de son admiration trop vive pour la science militaire des Français.

Apothéose et imprécations de Pythagore, publiées par Charles Nodier à Crotone (Besançon, 1808), in-4° de 73 pages, grand vélin superfin. Ce livre, imprimé en style lapidaire, a été tiré à dix-sept exemplaires, dont deux sur papier rose.

Nous nous en tenons à ce court échantillon. Nous craindrions de dépasser les bornes du présent travail.

VIII

IMPRIMERIES PARTICULIÈRES, IMAGINAIRES
ET CLANDESTINES.

Il a existé en France, avant la Révolution, des imprimeries particulières, d'où sortirent des ouvrages ordinairement tirés à petit nombre. En voici la liste curieuse :

Imprimerie du monastère Saint-Denis (1571). Elle existait dans l'intérieur de ce monastère, situé à Paris, rue de l'Amandier.

Imprimerie du cardinal du Perron. Elle fut établie à Bagnolet en 1600 ; le cardinal y faisait imprimer ses ouvrages, dont il était lui-même le correcteur : les éditions qui en sortaient, tirées à petit nombre, étaient destinées aux amis de l'auteur. Il recueillait leurs avis, et ensuite il faisait imprimer en nombre, soit à

Paris, soit ailleurs, les mêmes ouvrages pour les livrer au public.

Imprimerie de M. Savary de Brèves. Paris, 1615. Étant ambassadeur du Roi Très Chrétien près la Sublime Porte, M. de Brèves fit graver à Constantinople des poinçons arabes, turcs, syriaques, etc. Il fut ensuite envoyé à Rome, où il fit imprimer deux ouvrages en arabe. En revenant à Paris, il amena un imprimeur de Rome nommé Paulin, qui imprima en français et en turc le *Traité fait entre Henri IV et le sultan Achmed.* De cette imprimerie particulière, qui s'intitulait *Typographia Savardiana,* sont sortis quelques ouvrages importants.

Imprimerie du vicomte de Lugny, en son château de Lugny près d'Autun, vers 1617. Il y fit imprimer, in-folio, les *Mémoires de Gaspard et de Guillaume de Saulx de Tavannes,* son père et son frère aîné, estimant que la franchise de leurs confidences historiques demandait cette clandestinité.

Imprimerie de Sully, établie, vers 1630, au château de Sully dans l'Orléanais. Il y fut imprimé une édition des *OEconomies royales* de Sully, en 2 volumes in-folio.

Imprimerie du cardinal de Richelieu, établie, en 1640, à Richelieu. Elle coûta 36,000 livres. On ne cite aucun ouvrage sorti de cette imprimerie du vivant de son fondateur.

Imprimerie du roi Louis XV, établie en 1718 aux

Tuileries. On en vit sortir : *Cours des principaux fleuves et rivières de l'Europe,* composé et imprimé par Louis XV, dans l'imprimerie du Cabinet de Sa Majesté, dirigée par J. Collombat, 1718, in-8°.

Imprimerie du marquis de Lassay, en son château de Lassay, 1727.

Imprimerie du duc d'Aiguillon, établie, en 1735, dans sa terre de Verdet, en Touraine.

Imprimerie de Madame la Dauphine, 1758, à Versailles : *Élévation du cœur à N. S. J.-C., par rapport à la sainte Communion,* imprimée de la main de Madame la Dauphine (mère de Sa Majesté), 1758, in-16.

Imprimerie d'Aguesseau, au château de Fresnes. Le petit-fils du chancelier, membre de l'Académie française, fit imprimer à Fresnes, en 1768, un livre composé par son grand-père pour l'usage de ses enfants. Le chancelier y fit imprimer à un petit nombre d'exemplaires un livre qui contenait l'éloge de son propre père, le conseiller d'État d'Aguesseau. On n'en tira que douze exemplaires.

Imprimerie de Monseigneur le duc de Bourgogne, Versailles, 1760 : *Prière à l'usage des Enfants de France,* in-12.

Imprimerie de la marquise de Pompadour, 1760, Versailles : *Rodogune, princesse des Parthes; Au Nord,* 1760, in-4°, avec une figure d'après le dessin de Boucher, gravée par madame de Pompadour elle-même.

Imprimerie du Dauphin (Louis XVI), au château de Versailles, 1766. Il en sortit un livre intitulé *Maximes morales et politiques, tirées de Télémaque, imprimées par Louis-Auguste, Dauphin*, in-8°.

Imprimerie de M. Franklin, Passy, 1782. Le célèbre Franklin fit imprimer dans sa maison de Passy un ouvrage intitulé *Petit Code de la raison humaine*, in-24.

Imprimerie des enfants aveugles, établie par Haüy, 1786. Deux ouvrages.

Il existe de plus quantité de livres qui portent l'indication d'imprimeries imaginaires. Plusieurs bibliographes, entre autres M. Gustave Brunet, leur ont consacré des études spéciales.

On a connu, de 1614 à 1756, sept imprimeries clandestines à Paris, lesquelles se distinguèrent des imprimeries particulières en ce qu'elles répandaient leurs productions dans le public, tandis que les imprimeries particulières travaillaient exclusivement pour l'agrément personnel de leurs propriétaires.

Voici la liste de ces sept imprimeries clandestines :

1° *Imprimerie des Jésuites,* au collège de Clermont (aujourd'hui Louis-le-Grand), 1614.

2° *Imprimerie de Montreuil pour M. Fouquet,* lorsque le surintendant était emprisonné à la Bastille, 1663.

3° *Imprimerie des Nouvelles ecclésiastiques,* de 1728 à 1789.

4° *Imprimerie du Supplément des Nouvelles ecclé-*

siastiques, concurrence de la précédente, de 1733 à 1758.

5° *Imprimerie de la rue des Oiseaux,* au Marais, 1735.

6° *Imprimerie de la rue du Plâtre-Saint-Avoye,* 1735.

7° *Imprimerie d'Arcueil,* 1756.

PETIT VOCABULAIRE

DE LA TYPOGRAPHIE

Addition ou Manchette. Note marginale, comme on en trouve surtout dans les vieux livres.

Belle page. Lorsqu'un chapitre finit sans occuper toute la page, et qu'on laisse la fin de cette page en blanc pour ne recommencer le chapitre nouveau qu'en tête de la page suivante, on appelle cela commencer *en page*. Pour les éditions de luxe, on fait plus. Si le chapitre finit sur une page impaire, c'est-à-dire au recto, on laisse le verso en blanc, et on recommence le chapitre suivant à la prochaine page impaire ; c'est ce qu'on appelle commencer *en belle page*.

Bon a tirer. C'est l'avant-dernière épreuve ; elle est assez satisfaisante pour que l'auteur ou l'éditeur puisse autoriser l'impression par les mots : *Bon à tirer*, avec sa signature.

Bourdon. Les ouvriers appellent *faire un bourdon*, l'oubli de composer tout ou partie d'une phrase. Cette faute se répare en intercalant le fragment oublié et en *remaniant* la suite jusqu'au bout.

Conscience. Par une figure qui n'est pas sans grâce,

on appelle *homme en conscience* ou *de conscience* l'ouvrier qui travaille à la journée, et qui, par conséquent, pourrait, s'il n'était consciencieux, ne travailler qu'à son aise.

Copie. Manuscrit des ouvrages livrés à la composition ; lorsqu'il s'agit d'une réimpression, l'exemplaire imprimé sur lequel on compose s'appelle également *copie*.

Coquille. Lorsque le compositeur *distribue* et qu'il jette par distraction une lettre dans un cassetin étranger, cela s'appelle *faire une coquille*. Lorsqu'il composera, il se trouvera nécessairement dans son travail une lettre pour une autre. C'est encore une *coquille*.

Correction. Pour les signes usuels au moyen desquels on indique les corrections sur les épreuves, voir le tableau ci-contre.

Décharge. Lorsqu'après un tirage déjà long une forme s'empâte, on l'essuie en tirant quelques feuilles sans mettre d'encre. Ces feuilles, pâles et non margées, s'appellent des *décharges*.

Décognoir. Morceau de buis rond ou carré, terminé en lame obtuse, et qui sert à retirer les coins lorsqu'on veut *desserrer* une forme.

Deleatur. Mot latin qui s'abrège ainsi : ∂, pour indiquer qu'une lettre doit être retranchée.

Distribuer. Replacer une à une dans leurs cassetins respectifs les lettres qui composaient les formes tirées, et qui vont servir à en composer de nouvelles.

Division. Les compositeurs appellent ainsi, et avec juste raison, le *trait d'union* qui sert à diviser un mot, lorsque ce mot n'entre pas tout entier dans une ligne.

Doublon. Faute de l'ouvrier qui compose deux fois le même mot ou la même phrase.

Faux titre. C'est le titre de l'ouvrage placé au milieu

SIGNES DE LA CORRECTION

Lettre à retourner....	L'imprim⌐rie	1ƎI
Lettre à ajouter.....	Amélioration⊤	○∧ ,⊤·
Lettre à séparer.....	Mon|père	#∧
Lettre à réunir.....	Indus⌠triel	⌠
Mots à transposer....	⌐courage,⌐Prenez⌐	⌐ ⌐
Lettre à enlever.....	Imposs|ibilité	ℐ|
Caractère italique....	J'ai écrit : <u>Malheureux</u>	<i>ital.</i>|
Caractère romain.....	(<i>J'ai écrit :</i>) Malhoureux	rom|
Lettre majuscule....	La religion du ¢hrist	C|
Petites majuscules....	<u>Bordeaux</u>, ville de	p.cap.|
Lettre mêlée.......	Le gra𝑚d Paris	𝑚
Lettres à enlever....	Mainte||nant dit|es.	ℐ|| ℐ
Mot à ajouter......	Revenu∧Lyon	∧<i>de</i>
Lettres à transposer.....	Il suppo𝑟𝑡ait	∽
Lettre à changer.....	Répondez| moi	—|
Lettres à changer....	La lib⌐rté p|ait	e| ℓ⌠
	Faites silence	
Rapprocher les lignes...	⸤――――――	⸤――
Écarter les lignes....	―#―Tenez-vous bien. N'insistez pas	―#――

d'une page blanche, et par lequel commencent invariablement tous les livres modernes.

Filets. On nomme ainsi les lames de plomb diversement fondues qui servent à former les cadres, à séparer les colonnes d'un journal, etc. Selon leur œil, ce sont des filets maigres, gras, doubles, de cadre, etc.

On appelle *filets anglais* des filets d'ornement qui terminent les chapitres.

Forme. C'est l'assemblage de pages mises en ordre, garnies et serrées dans un châssis. Il faut deux formes pour une feuille.

Frisquette. Feuille de papier découpée et fixée au châssis d'une presse à bras pour empêcher les morceaux de plomb qui forment l'intervalle des pages de faire des taches sur le papier.

Galée. Cadre ou galerie portative sur laquelle l'ouvrier dépose ses lignes à mesure qu'il les retire du composteur.

Garniture. Ensemble des lingots de plomb ou réglettes de bois qui maintiennent l'intervalle entre les pages, et déterminent la largeur des marges.

Imposer. Placer les pages sur le marbre dans l'ordre déterminé par leur format.

Labeur. Ouvrage de longue haleine; par opposition aux brochures et aux *ouvrages de ville* ou *bilboquets,* tels que lettres de faire part, titres, couvertures, affiches, etc.

Ligne de pied. Ligne de cadrats ou lingot qu'on met au bas de chaque page pour la soutenir.

Maculature. Décharge qui a servi plusieurs fois et qui n'est plus qu'un chiffon noir.

Mettre en pate. Démolir brusquement en le laissant tomber par accident ou par maladresse un paquet ou une forme, ce qui en fait une masse confuse et difficile à débrouiller.

PAQUET. Assemblage d'un certain nombre de lignes telles que les fournit le compositeur au metteur en pages.

PLACARD. Épreuve faite sur des paquets provisoirement réunis avant la mise en pages. On met habituellement en placards la composition d'un manuscrit difficile à lire et sujet à de nombreuses corrections, pour éviter les frais de remaniement après mise en pages.

POINT TYPOGRAPHIQUE. Le sixième de la ligne ou la soixante-douzième partie d'un pouce. La ligne égale $0^m,002256$; 26 points et 6/10 égalent 1 centimètre. Les caractères servant à composer les pages portent généralement de six à douze points. Plus forts ils ne servent guère que pour les titres et les affiches.

Les anciens imprimeurs donnaient à l'échelle des caractères des noms propres, venus pour la plupart des premiers livres auxquels on les avait employés, ou de quelque qualité extérieure :

Le six était de la *nonpareille;*
Le sept, de la *mignonne;*
Le sept et demi, du *petit-texte;*
Le huit, de la *gaillarde;*
Le neuf, du *petit-romain,*
Le dix, de la *philosophie;*
Le onze, du *cicéro;*
Le douze ou treize, du *saint-augustin,*
Le quatorze, du *gros-texte;*
Le seize, du *gros-romain,*
Le dix-huit ou vingt, du *petit-parangon;*
Le vingt-quatre, de la *palestine.*
Le vingt-huit ou trente-deux, du *petit-canon;*
Le quarante ou quarante-quatre, du *gros-canon,* etc.

POLICE. Tableau proportionnel des nombres pour lesquels chaque lettre et chaque signe de l'alphabet doivent entrer dans une fonte générale.

PORTE-PAGE. Feuille de papier fort, sur laquelle on pose un paquet solidement lié.

PROTE. Directeur et correcteur en chef d'une typographie.

RAMETTE. Châssis de fer sans barre médiane.

RÉCLAME. Mot qui se trouve au bas de la page verso et qui est le même que celui qui recommence la page suivante. Elle se place toujours au bas de la dernière page de la feuille. La réclame facilite le travail du relieur et sert à rectifier les erreurs qui pourraient se trouver par hasard dans les *signatures* (voyez ce mot). Les réclames ont été inventées en Italie vers 1470, ainsi qu'on le voit dans le *Tacite* de Jean de Spire, à Venise ; elles n'ont été introduites en France que vers 1520. Elles sont maintenant hors d'usage.

REGISTRE. Ce mot désigne le point de rencontre des lignes et des pages qui doivent être placées et rangées également l'une sur l'autre, de façon que la page verso ne dépasse pas la page recto ni par le haut, ni par le bas, ni sur les côtés.

REVERTATUR (*qu'il soit retourné*). Mot latin qui s'abrège ainsi : ς, et qui indique le signe de correction pour retourner les lettres placées à l'envers.

RENFONCER. Mettre du blanc au commencement de la ligne. Les alinéas sont tous renfoncés d'un cadratin au moins.

RETIRATION. Impression du côté resté blanc après un premier tirage.

SIGNATURES. On nomme ainsi les chiffres que l'on place au bas de la première page, et parfois de certaines autres, dans chaque feuille au-dessous de la dernière ligne pour faire connaître l'ordre des feuilles et l'imposition d'un livre, afin de faciliter ainsi le travail de l'assembleur, du brocheur et du relieur. Les anciens imprimeurs se servaient de lettres pour signatures. Ulric Gering les employait déjà en 1470.

Taquer. Faire usage du TAQUOIR, bloc de bois parfaitement équarri, qu'on passe à coups de marteau sur les formes, pour qu'aucune lettre ne lève plus haut que les autres.

Tierce. Dernière épreuve qui se fait sous presse pour vérifier l'exécution des corrections indiquées au *bon à tirer*. Si la tierce est trop *chargée*, on voit une *revision*.

Titre courant. Se place en tête de toutes les pages d'un livre sur la même ligne que le folio.

Visorium. Petit instrument de bois qui se plante dans la casse au moyen d'une tige de fer, et qui sert à fixer la copie sur laquelle travaille le compositeur. Le *visorium* tombe en désuétude.

FIN

Attributs divers de l'ancienne imprimerie.

TABLE DES MATIÈRES

PREMIÈRE PARTIE

		Pages.
I.	— Depuis l'invention jusqu'à l'an 1500	1
II.	— Problème de l'invention	7
III.	— La xylographie	11
IV.	— Jean-Laurent Coster	19
V.	— Les inventeurs	25
VI.	— Gutenberg	29
VII.	— Gutenberg, Fust, Schæffer	41
VIII.	— La dispersion	57
IX.	— L'imprimerie à Paris	61
X.	— Fin de l'histoire de la typographie au xv^c siècle	71

DEUXIÈME PARTIE

I.	— L'art typographique	76
II.	— Les anciens imprimeurs	87
III.	— L'impression. — Presses et machines	115
IV.	— Les clichés, les logotypes, etc	133
V.	— Machines à composer	143
VI.	— Les types	147
VII.	— Des livres en général	151
VIII.	— Imprimeries particulières, imaginaires et clandestines	155
IX.	— Petit vocabulaire de la typographie	161

SOCIÉTÉ ANONYME D'IMPRIMERIE DE VILLEFRANCHE-DE-ROUERGUE
Jules Bardoux, directeur.

www.ingramcontent.com/pod-product-compliance
Lightning Source LLC
Chambersburg PA
CBHW060527090426
42735CB00011B/2396